JN082489

図解

不動産ファイナンスのしくみ

公認会計士
山下章太

中央経済社

◆はじめに◆

近年の日本では、政府が積極的に推進した量的・質的金融緩和政策（ＱＱＥ）による、日本銀行のマイナス金利政策、イールドカーブコントロールにより、極端な低金利状態が継続しています。低金利によって、不動産物件の購入時における資金調達環境が劇的に変化し、不動産価格が上昇を続けています。また、低金利によって国債などの資金運用環境が悪化し、より高利回りの不動産に投資する投資家も増えてきました。

リーマンショック後、世界の中央銀行は、金融緩和を行うことによって経済環境を安定化させようとしてきましたが、徐々に出口（ＥＸＩＴ）に向けた動きもみられています。今は日本経済が自国のみで成立する時代ではなく、グローバルな地政学リスク、貿易環境に大きく影響を受けています。不動産は主に内需によって価格が決定されるものですが、実際には、グローバルな経済環境にその価格は大きく左右されます。

いずれ来るであろう、不動産バブルの終焉（？）に備えるためには、事前にどのような状況が予想されるかを正しく理解し、その対策を事前に検討しておく必要があります。

本書では、不動産投資および不動産に関連したファイナンスについて、どのような点に着目してリスクヘッジを行っていくべきかという視点から、図解を交えて解説を行います。

2020年1月

山下　章太

目　次

第2章　不動産投資とは何なのかを正しく理解しよう

第3章 投資対象とする不動産の種類を正しく理解しよう

第4章 不動産投資における資金調達（デット）

第5章 不動産投資における投資スキームとエクイティ

第6章 安定したキャッシュ・フローを確保するために知っておくべき知識

第7章　利回りに影響する要因

第8章　不動産投資において知っておくべき会計・税務知識

第9章　不動産投資から発生するリスクをヘッジする

第1章

不動産のマーケット環境を把握しよう

不動産に投資する場合，不動産を利用して資金調達を行う場合，不動産を担保にして融資をする場合など，不動産ファイナンスはそれぞれのプレイヤーの視点によって異なります。
ただし，対象とするのが不動産ということは共通しており，不動産マーケットの状態を正しく理解することが，不動産ファイナンスの成否を決定します。
ここでは，不動産ファイナンスへの理解を深めるために，不動産のマーケット環境に影響を与える事項を解説します。

01 不動産価格はなぜ動くのかを理解しよう

不動産価格の計算方法は、収益物件を前提とすると非常に単純で、

不動産価格＝純収益（NOI）÷取引利回り（キャップレート）

として計算されます。

純収益として**NOI**（Net Operating Income）を使用する場合もあれば、CAPEXなどを加味した**NCF**（Net Cash Flow）を使用する場合もありますが、ここでは、NOIベースの純収益を基に説明をします。

仮に、図表01・1に記載した物件A～Cの純収益（NOI）が同じ1億円だったとして、キャップレート（CR）が2％（物件A）、5％（物件B）、10％（物件C）と異なっていたとします。この場合、CRが最も低い物件Aの価格は50億円となり、**CR**が最も高い物件Cの価格は10億円となります。物件Aと物件Cは同じ1億円の収益をもたらしますが、取引利回りが異なるため、取引される不動産価格には大きな開きが生じます。

不動産価格が上昇する要因は、純収益（NOI）の増加または取引利回り（CR）の低下のいずれかですが、賃料は賃貸借契約の期間固定されており、短期間に上昇しないので、普通は取引利回り（CR）の低下によって不動産価格が上昇します。

不動産価格を決定する取引利回りは、市場金利との比較によって決定されます。市場金利の上昇や下落が100％反映されるわけではありませんが、市場金利が低ければ、不動産のCRも低くなるという傾向があります。

図表01・2は、CRが3％、NOIが1億円の物件について、10年国債利回りが変化すると、どれだけ価格

❖利回りと不動産価格の関係

図表01・1 キャップレートと不動産価格

	物件A	物件B	物件C
NOI（A）	1億円	1億円	1億円
CR（B）	2％	5％	10%
不動産価格（A/B）	50億円	20億円	10億円

図表01・2 市場金利，キャップレートと不動産価格

10年国債利回り	+0％（現状）	+1％	+2％
NOI（A）	1億円	1億円	1億円
CR（B）	3％	3.5%	4％
不動産価格（A/B）	33.3億円	28.6億円	25億円
不動産価格の変化額	0億円	−4.8億円	−8.3億円
不動産価格の変動率	0％	−14.3%	−25%

が変化するかを示したものです。ここでは、現状の10年国債利回りを0％とし、10年国債利回りが1％、2％に上昇し、CRがその50％変化したと仮定して計算しています。10年国債利回りが1％、2％に上昇した場合、CRは3・5％、4％に変化していますが、NOIが一定だとすると、不動産価格は14・3％、25％下落することになります。

02 なぜ各国政府は金融緩和政策をしたがるのか？

リーマンショック後、各国政府および中央銀行は、金融緩和政策を打ち出すことによって、金融・経済環境を安定させようとしてきました。日本における日銀の金融政策は、量的・質的金融緩和（QQE）と言われますが、マイナス金利だけをターゲットにした政策ではありません。主要国の中央銀行は、大量資金供給（金利引下げ）、**フォワードガイダンス**（長期金利誘導、インフレ期待形成）、資産購入を行ってきましたが、徐々に金融緩和政策の出口（EXIT）に向かって動いています。

そもそも金融緩和政策は、図表02・1のように、市場に資金を供給するとともに調達コストを安くすることで、経済活動を緊縮させることなく、活発化させようというものです。各国政府の対応策には差はありますが、目指している方向性は同じです。

経済が安定し、一定の成長が見られるまで継続して金融緩和を行うのですが、各国は目標とするインフレ率を設定し、それを超えるまで金融緩和政策を継続するというスタンスをとっています。

日銀とFRB（連邦準備制度理事会）における、インフレ率の目標や資産購入の内容、EXITの難易度を比較したものが図表02・2です（なお、マイナス金利とフォワードガイダンスについては6〜9頁で説明します）。量的金融緩和を行う際には、中央銀行が日本円を発行して資産を購入し、市場に資金をばらまきます。その際に購入する代表的な資産が国債ですが、日銀は株価対策のためにETF（上場投資信託）も購入しています。国債やMBS（不動産担保証券）は満期があるため、資産購入額を減らしていけば債券の償還によって自然に資産圧縮することが可能です。しかし、ETFは満期がないため、市場売却が発生し株式相場にインパクトが発生します。日銀は他の中央銀行と比べても、EXITさせる難易度が高いと言えます。

❖金融緩和政策の内容を理解しよう！

図表 02・1 金融緩和の流れと日銀の対応

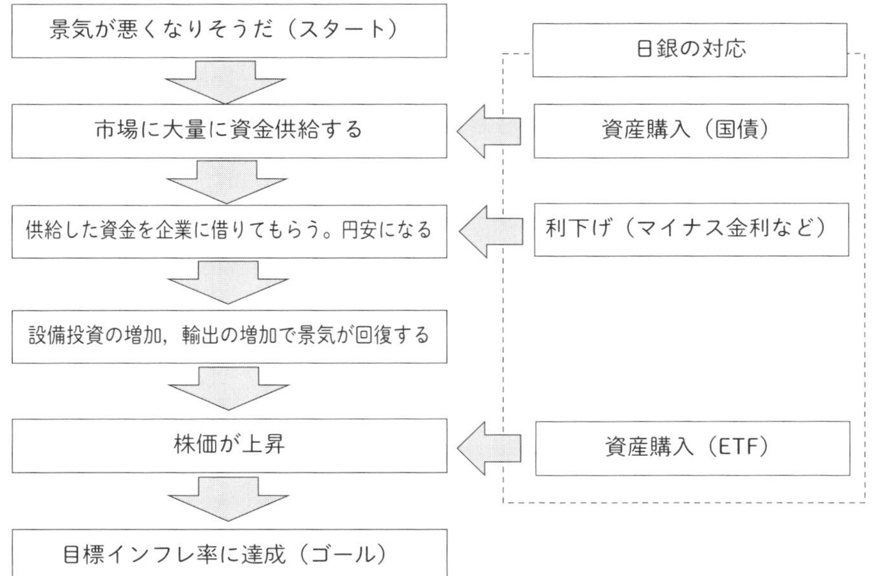

図表 02・2 日銀と FRB（連邦準備制度理事会）の比較

	日銀	FRB
インフレ率の目標	2％ 常に2％を超える水準を正常化移行のタイミングと見なしている可能性がある	概ね2％ 概ね2％になったら正常化に移行
資産購入の内容	・国債 ・ETF，REIT	・長期国債 ・住宅ローン担保証券（MBS）
EXIT の難易度	ETF の市場売却が発生し株式相場にインパクトが発生するため，出口戦略に移行しにくい	資産購入額を減らせば自然に資産圧縮が可能

03 マイナス金利は何がダメなのか？

日銀が実施している金融緩和政策のうち、代表的なものが**マイナス金利政策**です。具体的には、金融機関が日銀に預けるお金（当座預金）の金利をマイナスにするという政策です。

金利をマイナスにするかどうかはともかくとして、引き下げること＝利下げ（マイナス金利含む）は、本来、図表03・1のような効果があります。

各国の中央銀行が自国の利下げをする場合がありますが、自国通貨安を狙っているケースがあります。図表03・2のように、B国が金利を引き下げたことによって、投資家は金利が高いA国通貨に資金を移動しようとします。この結果、資金が集まったA国通貨の価値は、B国通貨と比べて高くなり、B国通貨の価値は相対的に低くなります（B国通貨安）。たとえば、1ドル＝100円だったのが、利下げを行うことによって1ドル＝110円の円安になるケースです。

利下げの極端なケースであるマイナス金利政策も、金融政策としては決して間違った方法ではなく、本来の効果が発揮されれば景気回復に非常に有効な手段です。ただし、これは実施が短期間だから有効なのであり、マイナス金利が継続すると、金融機関の収益性や不動産などの資産利回りが悪化する原因となります。

マイナス金利政策は、借入金利を極端に低下させますので、不動産利回りや事業の収益性が下がっても、不動産利回りが借入金利を下回らなければ継続します。ハードルレートである借入金利を2％にすれば、収益性が2％以下の事業は行わないのですが、借入金利がほぼゼロだと収益性が少しでもプラスであれば実施しようとします。

長期的な経済成長として2％を目指すのであれば、金利は2％くらいに設定しておくことが望ましいのです。

❖利下げの効果を知っておこう！

図表 03・1 マイナス金利の本来の効果

目的	内容
円安効果	日本の金利が低くなれば資金流出が発生し，円安誘導できる
株価対策	円安誘導ができれば，円安でメリットを受けやすい企業の収益改善につながり，株価は上昇する
市中貨幣量の増加	日銀に預ける当座預金の金利がマイナスとなるため，銀行は余剰がある場合に，外部への運用（貸出など）を行うことになる
金利の低下	マイナス金利によって，一般の貸出金利も低下するため，企業の資金調達環境が改善する

図表 03・2 利下げの効果

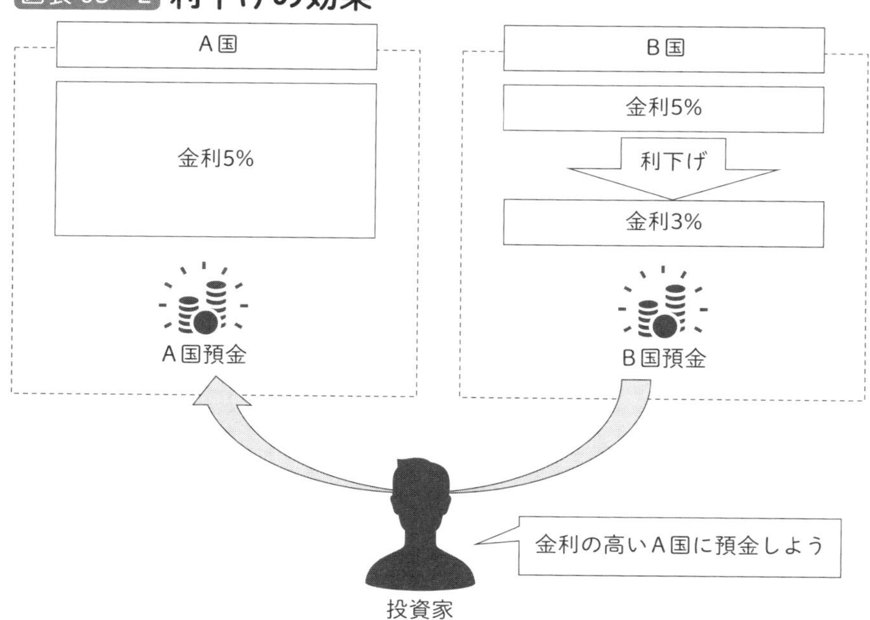

04 不動産の価格はYCCで変わる

本章の02で、金融緩和政策としてフォワードガイダンス（長期金利誘導、インフレ期待形成など）を実施していると説明しました。イールドカーブ・コントロール（YCC）は、まさにフォワードガイダンスにおける長期金利誘導のことで、長期金利（たとえば、10年金利、20年金利など）を一定の水準に誘導しようとする政策です。

不動産は長期間の収益から投資額を回収していくため、長期間の資金調達をします。極端な言い方をすれば、マイナス金利政策で短期金利が大幅に下がったとしても、不動産投資における資金調達手段である長期金利が変わらなければ、投資環境に影響はありません。たとえば、図表04・1のように、短期金利が2％から0％に下がったとしても、長期金利が5％のまま変わらなければ、投資利回り3％の不動産を買うことはできません。

一方、ＹＣＣ（長期金利誘導）によって長期金利が5％から2％に引き下げられた場合、投資利回り3％の不動産は投資家の投資対象となります。

ＹＣＣを実施する前は、長期金利5％を超える投資利回りの物件しか購入できませんでしたが、ＹＣＣ実施後は、長期金利2％を超える投資利回りの物件であれば購入できるため、不動産価格は上がっていきます。

このように、金利は、短期金利（主に1年内）と長期金利が存在しており、不動産の価格を決定するのは、長期金利です。ＹＣＣは、長期金利を下げる政策のため、不動産価格を押し上げる要因となっています。

❖不動産価格は長期金利で決まる！

図表 04・1 YCC がないマイナス金利相場

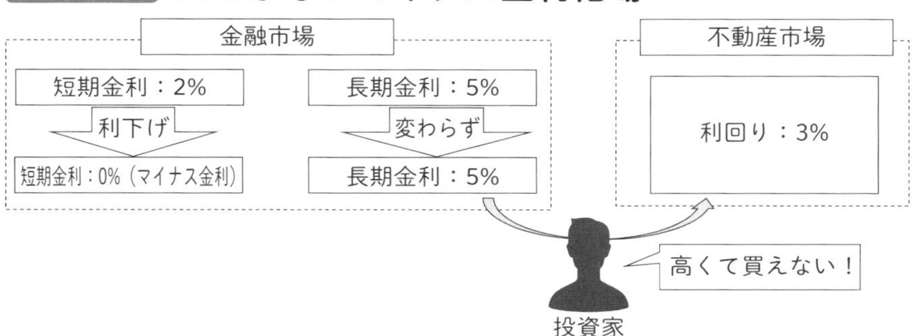

図表 04・2 YCC のあるマイナス金利相場

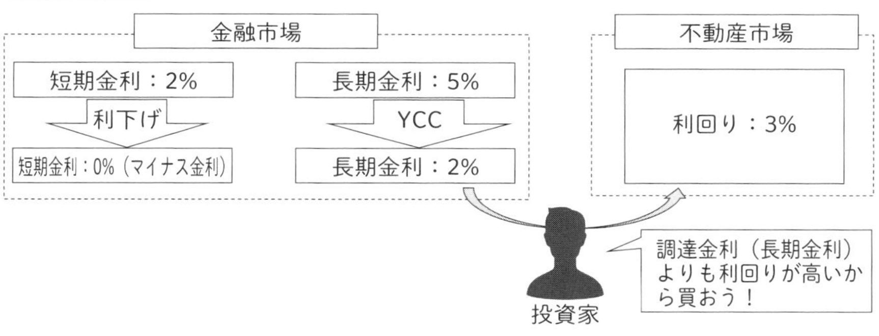

05

市場金利と利回りの関係（スプレッド）

金融緩和政策の影響で歴史的な低金利が継続していますが、不動産投資家が投資採算を計る際にはスプレッドを重視します。不動産取引における「**スプレッド**」とは、不動産利回りと市場金利（たとえば、国債利回り）との差をいいます。要は、安全資産と不動産でどれだけ利回りに差があるかという指標です。

不動産の期待利回りはマイナス金利の影響で過去最低水準まで低下しているものの、国債利回りほど大きく変動していません。これは、不動産の投資利回りに投資家が最低限要求する水準が存在するためです。２００４年4月以降の期待利回り、10年国債利回り、スプレッド（期待利回りと国債利回りとの差）の推移を示したものが図表05・1です。国債金利は1・5%～1・8%からゼロ付近（マイナス含む）に低下し、不動産の期待利回りも5%～3・5%に低下しています。この期間のスプレッドは2・1%～3・8%です。不動産利回りの傾向としては、２００8年のリーマンショック前に不動産価格が高騰していた時期よりも、マイナス金利に突入した２０16年以降のほうが低いのです。金利低下により自然と不動産利回りが低下していったことに起因します。

リーマンショック前の２００6～２００7年は、ここ20年くらいで最も不動産マーケットが過熱していました。この時期は金利が1・7%なのにも関わらず不動産の期待利回りが3・8%でしたので、スプレッドは2・1%まで縮小しました。その後、金利は低下するものの、不動産価格が下がりスプレッドは拡大しました。マイナス金利に突入すると、投資家が最低限要求する不動産利回りに張り付くことになり、スプレッドは3・8%まで拡大しています。

投資家は、スプレッドを重視して不動産取引をするのですが、極端に金利低下が発生するとスプレッドが拡大していくという特徴があるのです。

❖スプレッドの縮小・拡大はなぜ発生するのか？

図表 05・1 国債利回りと期待利回りの変動

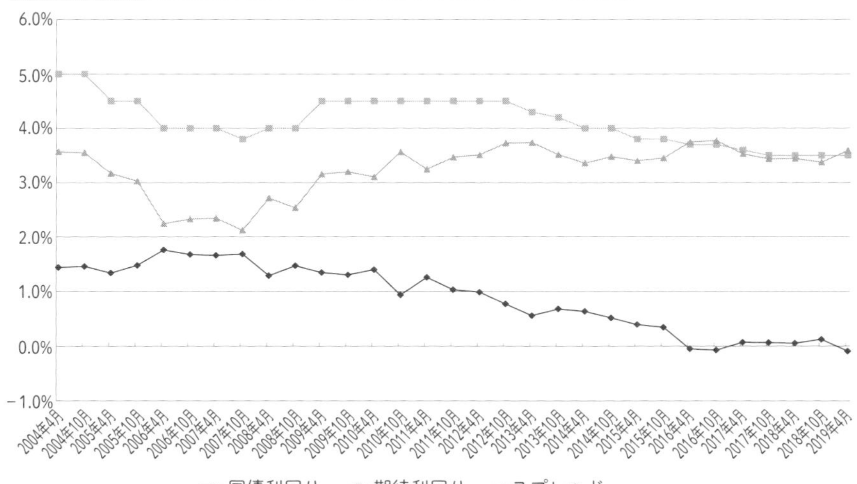

＊　スプレッド＝期待利回り－国債利回り
出所：期待利回りは，一般財団法人 日本不動産研究所が公表する東京都千代田区丸の内，大手町地区のＡクラスビルの不動産投資家調査より。

06 国と民間は利害が一致しない

ここでは、日本の財政負担という観点から、利上げ阻害要因を考えてみようと思います。

日本の場合、日本国債の支払い（元本、利息）をしているのは、日本政府です。日本の2018年度（当初予算）における収入（歳入）と支出（歳出）を示したものが図表06・1です。日本は、約100兆円の歳出を賄うために、歳入の30％以上を国債発行で補っており、現状ではすべての支出を賄うだけの収入がありません。一般家計で言えば、借金で生活をしているようなものです。日本で最も大きな支出は社会保障費ですが、国債費（利払い、償還）は23・3兆円で2番目に大きな支出となっています。

国債の償還額は14・3兆円なので、国債発行額はネット（賞味）で19・4兆円増加することになり、現在の財政収支が継続していけば、国債残高は減ることはありません。

日本の2000年から2018年までの歳出を示したものが、図表06・2です。2000年からの推移を見ると日本の一般会計歳出は80～100兆円程度で、大きく増加しているわけではありません。

国債残高は2000年（約390兆円）から2018年（約1、030兆円）までに約2・5倍に増加しましたが、利払費は2000年（約10兆円）から2018年（約9兆円）と逆に減っています。国債残高を2・5倍に増加させても、国債金利が大幅に低下しているため、利払額が減少しているのです。

今後は社会保障費が増加することが予想されており、少しでも歳出を少なくするために、日本政府としては、国債費（利払い、償還）をできるだけ少なくしたいというのが、本音だと思います。

この点から、日本の財政収支が安定するまで（または安定の目途がつくまで）、金利引上げは進まないと思います。

❖日本政府の資金繰りを理解しておこう！

図表 06・1　日本の一般会計歳入・歳出（2018 年度当初予算）

（単位：兆円）

歳入
- 国債発行 33.7
- その他 15.3
- 消費税 17.6
- 法人税 12.2
- 所得税 19.0

歳出
- 国債償還 14.3
- 国債利息 9.0
- その他 25.9
- 地方交付金 15.5
- 社会保障 33.0

国債増加額 19.4

出所：財務省

図表 06・2　日本の一般会計歳出の推移（単位：兆円）

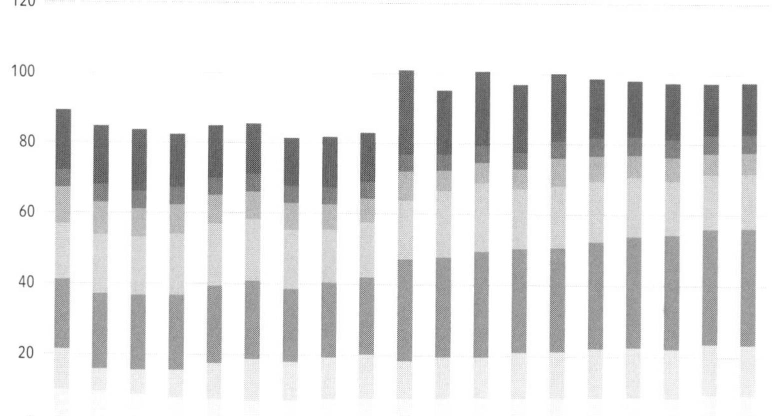

出所：財務省

07 伝統的産業の衰退と経済環境の変化

日本は戦後の高度成長期を経て、世界経済の中でも重要な地位を占めるようになりました。この成長を最も大きく牽引したのが製造業です。経済発展に伴って、不動産価格も高騰し、不動産バブルをもたらしたことを記憶されている読者もいるでしょう。

近年は経済環境の変化が非常に速く、投資家は、常に新しいトレンド、技術を求めています。特にベンチャー企業や成長分野と考えられている業界に多いのですが、ほとんど利益が出ていない会社に対して、異常と思われる時価総額がついているケースがあります。日本には世界的に知名度のあるグローバル企業が多くありますが、伝統的な自動車メーカーであるトヨタ自動車の時価総額は2019年8月時点で23兆円（自己株式等考慮前）で、PBRは1・2倍です。大手不動産会社の三菱地所は、時価総額2・8兆円、PBRが1・6倍です。一方、アメリカのアマゾン・ドットコムの場合、2019年8月末の時価総額は約97兆円（1ドル＝110円で換算）で、PBRは20・2倍です。トヨタ自動車、三菱地所とアマゾンの売上高、純利益、総資産、純資産と時価総額を比較したものが図表07・1です。企業規模はトヨタ自動車が大きいのですが、株価はアマゾンが大きく上回っています。三菱地所も、トヨタ自動車よりは株価倍率は高いのですが、アマゾンには大きく劣ります。

業種によっては、新しいトレンドを求める投資家が高値でも買うため、実際の企業実績と株価が全く関係ない場合も増えています。今後も、ますますこの傾向が強くなってくると予想されますが、不動産企業は**オールドエコノミー**（伝統的産業）と見なされるため、日本のマーケットにおいては、価値の増加は限定的と言えます。

❖オールドエコノミーの株価は高くならない

図表07・1 トヨタ自動車，三菱地所，アマゾンの比較

単位：兆円

企業名	トヨタ自動車	三菱地所	アマゾン
決算期	2019年3月期	2019年3月期	2018年12月期
売上高	30.2	1.3	25.6
純利益	1.9	0.1	1.1
総資産	51.9	5.8	17.9
自己資本	19.3	1.8	4.8
時価総額	23.0	2.8	96.7
PER	12.2	21.0	87.2
PBR	1.2	1.6	20.2

＊上記は1ドル＝110円で換算して表示

最近はトレンドの変化が速く，古い産業の価値が低下しているんだ。

08 運用利回り低下による不動産投資家の変化

03でも触れましたが、市場金利が下がると、従来であれば確保できていた収益が確保できなくなります。たとえば、日本においてリスクがないと思われている国債で運用していた投資家は、以前であれば一定の収益を確保することができましたが、国債金利がほぼゼロになっている状況では、資金運用ができません。

代表的なのは、個人から預金を集めて企業や個人への貸付で運用している銀行ですが、よほど顧客基盤が厚い銀行でなければ、預貸率（預金で集めたお金のうち、貸付で運用する比率）は高くなく、余剰資金を何らかの方法で運用する必要があります。加入者に将来の年金を支払うための年金基金も同じです。

国債で運用できなくなってきたため、代替投資を行う必要が生じ、投資家の資金が不動産投資信託（ＲＥＩＴ）などに向けられました。機関投資家と言われる金融機関や年金基金の投資対象がリスク資産となってきて、より安定した利回りを確保しやすい不動産関連投資に向かっています。また、海外投資家からすると、日本の都心部の不動産利回り（スプレッド）は、外国（たとえば、ニューヨーク、香港など）に比べると高いため、不動産の投資家として増えました。

図表08・1は、Ｊ－ＲＥＩＴ（日本のＲＥＩＴ）の投資主別の保有金額の推移です。残高は圧倒的に投資信託が多く、次に外国法人が続きます。それぞれの変動率を示したものが図表08・2で、外国法人、投資信託、銀行の残高が大きく増加しています。

ちなみに、日銀は、２０１９年２月時点でＪ－ＲＥＩＴ全体の３・７％を保有する大株主です（図表08・3）。同様に、他の金融機関の保有残高も増加しています。

❖ J-REITからわかる投資家の変化

図表08・1 J-REITの投資主別の保有金額の推移

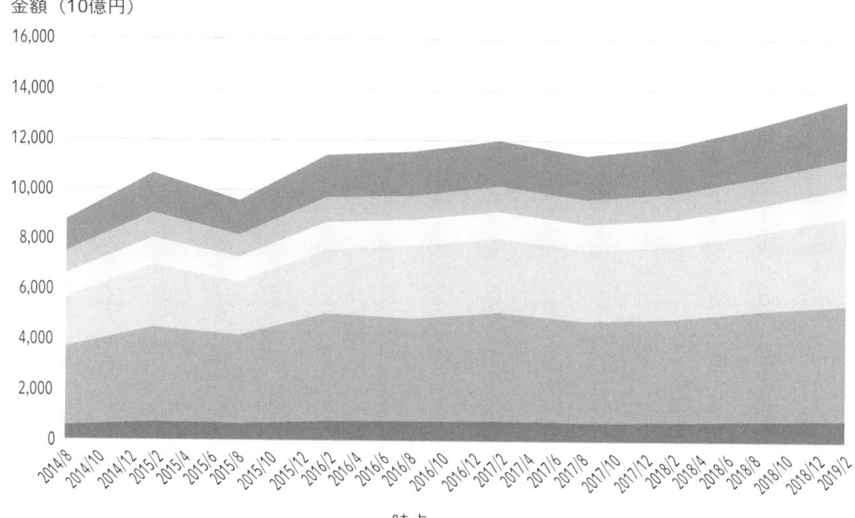

図表08・2 J-REIT投資主の変動率

	銀行	投資信託	外国法人等	事業法人等	個人等	その他
変動率	147%	147%	181%	124%	131%	179%

＊2014年8月末時点から2019年2月までの保有残高の変動率

図表08・3 日銀のJ-REIT保有残高の変動率

2014年8月末	2019年2月末	変動率
154,473百万円	507,529百万円	329%

＊ 2014 年 8 月末時点から 2019 年 2 月までの保有残高の変動率
出所：東京証券取引所　REIT 投資主情報調査

09 不動産が売れないと、節税というキーワードを使う

不動産は相場によって価格が低くなったり、高くなったりします。

一般的な不動産投資家は、価格が高くなると利回りが低くなることから購入を見合わせますが、図表09・1に記載したような経済合理性を考えない買手が存在します。

実需（マイホームなど）の物件の場合は、子供が増えて手狭になったなどのライフイベントに合わせて購入されるため、不動産価格が安い時期に購入しようというインセンティブがはたらきにくいと言えます。同様に、一部の海外投資家は、自国のカントリーリスクを考慮して、安全資産として日本の不動産を購入するという考え方をします。さらに、相続税対策として、将来的な相続税の支払いに備えて、相続税による課税対象額を引き下げようとする富裕層も一定数存在します。

不動産価格が安い時期は、インカム・ゲインを目的にする投資家は利回り目線から長期間保有を前提に購入します（図表09・2の左網掛けの時期）。不動産相場が上がりはじめると、今度はキャピタル・ゲインを目的とする投資家が値上り益目的で購入します（図表09・2の真ん中の網掛けの時期）。

不動産価格が上昇し、停滞しはじめると、投資家は不動産価格が下がるのを避けるため、購入を手控えると同時に保有物件を売却します（図表09・2の右の網掛けの時期）。

この時期に購入してくれるのは、経済合理性を無視した買手しかいないため、「相続」「節税」というキーワードを使うようになります。

すなわち、不動産市場において、「相続」「節税」というキーワードは、価格が頭打ち、停滞、下落基調にあるということを意味するのです。

❖不動産が売れない時期に誰が買うのか？

図表 09・1 経済合理性を無視する買手の例示

買手の種類	内容
実需	マイホームを購入する場合は，価格に関係なく必要な時期に予算に合わせて購入する
海外投資家	カントリーリスクの高い国の投資家の場合，日本の不動産を安全資産として保有しようとする
相続税対策	将来的な相続税の支払いに備えて，相続税による課税対象額を引き下げようとする

図表 09・2 不動産相場による投資家の目線

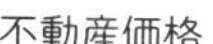

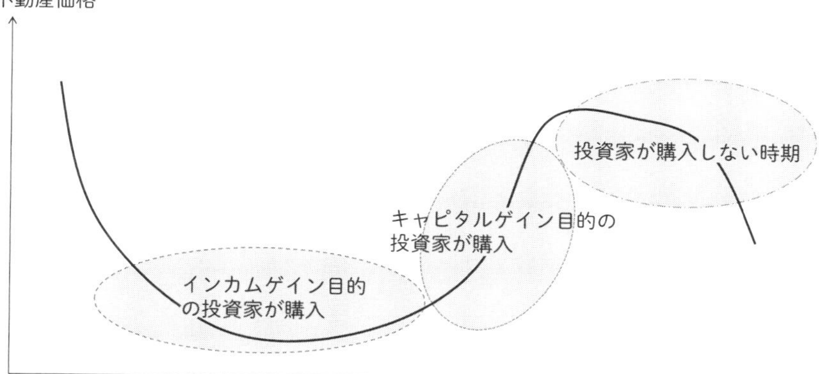

10

不動産ファンドとは何者なのか？

大型の不動産を取得する、不動産ファンドというプレイヤーが存在しています。

まず、ファンド（資金）は、投資家の資金の集まりです。投資家から集めた資金を運用する**投資運用業者**（AM：Asset Manager）が実際には投資対象の選定や管理をしますので、対外的にはファンド＝AMとして理解していても、大きな間違いではありません。

AMは、投資家から集めた資金（ファンド）を、何かに投資して運用するのですが、不動産ファンドは、当然、不動産に投資して運用しています。非上場企業に投資するプライベートエクイティ（PE）ファンド、ベンチャー企業に投資するベンチャーキャピタル（VC）などは、それぞれの投資対象によってファンドの呼び方が異なるだけです（図表10・1）。

不動産ファンドは、投資家からの資金を不動産に投資して運用するわけですが、当然ながら、延々と投資家から資金を預かって運用し続けるということはなく、たとえば、5年間や7年間など、期限を区切って運用します（図表10・2）。

一般的な不動産ファンドの運用期間は、5～10年程度で、ターゲットのリターンは10～15％くらいに設定していると思います。一部を除き、不動産ファンドは、安定した物件を投資対象にするため、開発案件には投資しません。また、積極的にキャピタル・ゲインを狙いにいくという時勢でもありませんので、保有期間における収益性向上、物件価値のバリューアップを行うことによって、ファンド運用期間におけるインカム・ゲイン（配当金、分配金収入）とレバレッジの返済による少しのキャピタル・ゲインを投資家に分配します（レバレッジについては後述します）。

❖不動産ファンドとは

図表10・1 ファンドの種類

ファンドの種類	内容
伝統的ファンド	上場株式，債券等を投資対象とするファンド
不動産ファンド	不動産を投資対象とするファンド
ベンチャーキャピタル（VC）	ベンチャー企業を投資対象とするファンド
プライベートエクイティ（PE）	成熟した非上場企業を投資対象とするファンド

図表10・2 不動産ファンドの特徴

区分	内容
投資家	機関投資家等
運用期間	5～10年
目標リターン	10～15％
投資金額	10億円以上
主な投資対象	収益稼働物件

誤解があるかもしれませんが，特に日本においては，不動産の値上がりによって儲けようという投資家はそれほど多くないため，不動産価格がファンド運用期間に変化せず，物件購入時と同等の価格水準（バリューアップ分を除く）でEXITできるほうがありがたいのです。

コラム

不動産は年金に使えるのか？

「人生100年時代」と言われるように，平均余命が伸びてきたことから，年金受給時期の延期，老後資金問題も出てきました。年金だけで暮らしていけないのは大昔からわかっていたことだと思いますが，なぜか今でも時々問題になったりします。

老後資金を不動産運用で確保しようと考える人もいるようですが，そもそも，どのような観点から不動産投資をしようとしているのか，疑問ではあります。

利回り3％の不動産に投資すると，投資資金の回収だけでも最短で33.3年かかります。50歳で不動産投資すると，84歳以降にやっとプラスになるのですが，とても年金として運用できているとは思えません。

利回り5％の物件に投資したとしても，経年劣化で賃料が下がり，大規模修繕も必要になるため，実際の利回りとしては3％くらいなので，回収までに30年以上かかります。

不動産は，投資元本の回収までに非常に時間のかかる資産なので，個人的には年金運用の一環として利用する資産として適しているとはあまり思えません。貯金を取り崩していくのと，状況として変わらないからです。

また，元本割れが少なく，利回り確保できるものでなければ，年金としての役割を果たさないため，経年劣化のある不動産は適していません。

資産運用の一環として不動産を利用するのはいいのですが，すべての運用を不動産のみで行うというのは，リスクが高くなるため，慎重に考えたほうがいいのでしょう。

第2章

不動産投資とは何なのかを正しく理解しよう

不動産は株式や債券と並んで代表的な投資対象です。不動産投資家の多くは，不動産を専門とするファンド，不動産賃貸業を専業とする企業などが中心で，投資戦略の１つとして不動産を選択しているわけではありません。
投資対象は必ずしも不動産だけでなく，他の資産に投資することもできるのですが，不動産を専業としてしまうと，どうしても他の投資対象と比較するという機会がありません。
ここでは，他の投資対象との比較をしながら，不動産投資の特徴を正しく理解するために，解説を行います。

11 不動産と上場株式は何が違うのか？

不動産は、非常に地域差や個別性が強い投資対象です。長年に渡って資金回収することを前提にしていますので、経年劣化による修繕や維持管理コストが必要となります。利回り5％の物件に投資したとすると、税金を無視したとしても20年間以上経過しないと、投資資金は回収できません。また、不動産は文字通り動きませんので、周辺の経済環境に大きく依存することになります。不動産投資の特徴を記載すると図表11・1のようになります。

普通に稼働している物件であれば、比較的収益は安定しています。ただし、処分をしようとしても時間がかかり、すぐに現金化することはできません。処分価格については、株式のようにゼロにはなりませんが、経年劣化によって取得時よりも時価が下落していく要因になり、また、不動産の存在する地域経済が衰退すればより価格が下落していく要因となります。

一方、上場株式の特徴は、**流動性**（処分性）と値上りによる利回りが期待できる点です。株価は会社の業績によって変動しますので、投資時点よりも会社の業績が改善すれば大幅な利益が発生する可能性もあります。保有するスタンスによりますが、上場会社からの定期的な収入は配当です。会社によってその割合はケースバイケースですが、比較的配当性向の高い会社の場合、2～3％くらいの配当率になります（図表11・2参照）。

長期投資を前提にして両者を比較したものが、図表11・3です。どちらも安定的なインカム・ゲイン（賃料、配当）が可能であり、相場変動のリスク（キャピタル・ゲイン）も有しています。不動産の利回りは、上場株式の配当率よりも高くなりますが、相場上昇によるキャピタル・ゲインはあまり期待できません。

いずれも一長一短ですが、不動産固有のリスクを減らすために、分散投資も検討したほうがよいでしょう。

❖不動産と上場株式はここが違う！

図表11・1 不動産投資の特徴

項目	内容	投資判断
投資期間	長い	×
収益の安定性	安定	○
利回り	中程度	△
投資金額	大きい	×
流動性（処分可能性）	劣る	×
地域依存度	大きい	×

図表11・2 上場株式投資の特徴

項目	内容	投資判断
投資期間	任意	○
収益の安定性	変動幅が大きい	×
利回り	相場による	?
投資金額	少額から可能	○
流動性（処分可能性）	即時売却可能	○
地域依存度	なし	○

図表11・3 不動産と上場株式投資の比較

項目	不動産	上場株式
インカム・ゲインの種類	定期的な賃料収入	配当収入
インカム・ゲインの水準	5～10%	1～3%
時価の変動	バブルでもない限り，上がることはあまりない 大幅な下落はないが築年数に応じて低くなっていく	何倍にもなる可能性があるが，ゼロになる可能性もある
流動性（処分可能性）	長期間を要する	即時売却可能

12 現物不動産とREITは何が違うのか？

日本における上場不動産投資信託（J-REIT）は2001年からスタートしています。J-REITは、「投資信託及び投資法人に関する法律」に基づいて組成される投資法人が発行する証券です。上場しているJ-REIT（投資法人）は2019年8月現在で約60ありますが、投資利回り（分配金÷時価）は平均4％（年率）くらいです。近年は金融緩和政策の影響で、投資利回りが下がってはいますが、安定的な収益を見込める投資対象と言えます。

ここでは、いくつかの観点から、現物不動産とREITを比較してみます。

●収益の安定性

現物不動産は、場所、地域、築年数によって、投資利回りが違います。さらに、大規模修繕による支出も必要になり、空室時の賃料収入がない時期もあるので、物件数が多くないと収益は安定しません。

一方、REIT等は多数の投資家から集めた資金を運用するため、投資金額も大きく、取得する物件数も個人と比較して圧倒的に多くなります。まとまった物件数を運用するため、収益も安定し、安定的な配当を投資家に分配することが可能です。

●投資金額

現物の不動産を取得するには、資金的にも相当の金額が必要になります。実際に現物の不動産を購入しようとすると、数千万円単位のお金が必要となります。よほどの資金量がない限り、普通の不動産オーナーは、投資不動産をいくつも購入することができませんので、現物投資を行う場合は、せいぜい1～2件が限界です。

REIT等は、多数の投資家から資金を調達するという性質上、少額から投資できます。J-REITの場合、

10万円くらいから購入が可能で、現物不動産に比べると少額での投資が可能です。

●流動性（処分可能性）

利回りが5％の物件に投資したとすると、税金を無視したとしても20年以上経過しないと、投資資金は回収できません。

また、不動産は処分するのにある程度の時間が必要となりますので、すぐに売却はできません。場合によっては、何年間も買手が付かず、資金化できないこともあります。また、処分時にかかる仲介手数料などの取引コストも決して安くありません。

J-REITは上場株式と同じで、証券取引所が開いている時間であれば、いつでも処分することができるため、流動性は、現物不動産に比べると比較にならないほど優れています。

現物不動産とREIT等の特徴の比較をまとめると上の図表のようになります。

❖現物不動産と REIT はここが違う！

項目	現物不動産	J-REIT 等
投資期間	長い	任意
収益の安定性	不安定	安定
利回り	5％程度	平均 4％ （J-REIT の場合）
投資金額	大きい	小さい （10 万円くらいから）
流動性（処分可能性）	劣る	即時売却可能

13 不動産投資と債券投資は何が違うのか？

「債権」といった場合、売掛金、貸付金などその種類は広範囲にわたりますが、ここでは、「債券」（国債や社債）に絞って説明をします。債券は一般的に償還期限が設定されており、償還までの期間において一定の利息が発生します。

利息は発行している会社等（発行体）の信用力に左右されるので、信用力が高い会社の社債は利回りが低く、信用力が低い会社の社債は利回りが高くなります。信用力の高い発行体が発行する債券は、償還までの期間に安定して利息収入が見込めるため、比較的手軽に投資できる証券と言えます。ここでは、現物不動産と債券投資について、いくつかの観点から比較してみます。

●収益の安定性

現物不動産は、場所、地域、築年数によって、利回りが大きく変動しますが、債券投資も発行体の信用力によって利回りが変動します。

不動産投資の場合は、大規模修繕による支出も必要になり、空室時の賃料収入がない時期もあるので、相当の物件数がないと収益は安定しません。

一方、債券投資の場合、発行体の元本・利息の支払いが行われる限りにおいては、安定的な利息を受け取ることが可能です。

●利回り水準

不動産投資の場合は、物件自体のリスクを所有者が抱えるため、ミドルリスク・ミドルリターン（たとえば5％）の利回りで投資することになります。

一方、債券投資の場合、国債などは利息がほぼゼロで、優良企業の発行する社債であっても非常に低い水準です。この点からは、不動産投資のほうが利回りは高いと言えます。

❖不動産と債券はここが違う！

項目	不動産投資	債券投資
投資期間	長い	自由に選択できる
収益の安定性	不安定	発行体が優良であれば安定する
利回り水準	5％程度	0～2％
投資金額	大きい	自由に選択できる
流動性（処分可能性）	劣る	即時売却可能な場合もある

●投資金額

現物の不動産を取得するには、少なくとも数千万円単位のお金が必要となります。よほどの資金量がない限り、普通の不動産オーナーは、投資不動産をいくつも購入することができません。

債券投資の場合、個人向け国債などを除いて、最低投資金額が大きくなることもあり、ケースバイケースです。

●流動性（処分可能性）

不動産は処分しようとした時にある程度の時間が必要となりますので、すぐに売却はできません。債券投資の場合、償還期限に償還されるため、最長での投資期間が読みやすいという利点があります。また、証券会社等で取り扱っている公募商品の場合は、途中で売却することができます。

不動産投資と債券投資の特徴の比較をまとめると上の図表のようになります。

14 不動産投資と外貨投資は何が違うのか？

外貨投資は、日本円を米ドルやユーロなどの外貨に替えて、外貨預金、外国為替保証金取引（FX）、外国投信、外国債券、外国株式などの外貨建て金融商品で運用することです。ここでは、説明を単純化するために外貨預金を例に説明します。

外貨投資も伝統的な資産運用方法の1つですが、ここでは、不動産投資と外貨投資を、5つのポイントから比較してみます。

●為替リスク

日本の不動産は、日本円による賃料収入があり、日本円による不動産売却収入が発生します。

外貨投資の場合は、常に為替リスクにさらされており、日本円でいくらの収入になるかがわかりません。

貨幣価値をどの通貨で判断するかということにも左右されますが、外貨の日本円としての安定性は高くはありません。

●利回り水準（インカム・ゲイン）

不動産投資の場合は、物件自体のリスクをオーナーが抱えるため、ミドルリスク・ミドルリターン（たとえば5％）の利回りで投資することになります。

一方、外貨投資の場合は通貨と時期にもよりますが、日本の普通預金や国債よりも高い利回りになり、日本円の低リスク資産よりも利回りは高いと言えます。日本の不動産と同水準の利回りの外貨投資も多く存在しますので、インカム・ゲインを比較すると、必ずしもどちらが優れているとは言えません。

●利回り水準（キャピタル・ゲイン）

不動産投資の場合は、経済状況の変化によって、投資した不動産の価値が変動します。ただし、現在の日本に

❖不動産投資と外資投資はここが違う！

項目	不動産投資	外貨投資
為替リスク	なし	あり
利回り水準（インカム・ゲイン）	5%程度	1～5%
利回り水準（キャピタル・ゲイン）	大きな売却益は見込めない	新興国通貨の場合大きくなる場合がある
投資金額	大きい	自由に選択できる
流動性（処分可能性）	劣る	即時売却可能

おいて、投資した不動産が2～3倍になるということは考えにくく、大幅な売却益は見込めません。

一方、外貨投資の場合は、新興国通貨に投資する場合には、その国の成長性に投資するのと同じであるため、投資した国の経済発展が継続すれば、対日本円での価値は上昇し、大きな利回りを得ることも可能です。

●投資金額

現物の不動産を取得するには、少なくとも数千万円単位のお金が必要となります。よほどの資金力がない限り、普通の不動産オーナーは、投資不動産をいくつも購入することができません。

外貨投資の場合、最低投資額は少額であるため手軽に投資可能です。

●流動性（処分可能性）

不動産は処分するまでにある程度の時間が必要となりますので、すぐに売却はできません。外貨投資の場合、即時に換金できるため流動性には優れています。

不動産投資と外貨投資の比較をまとめると上の図表のようになります。

15 インカム・ゲインとキャピタル・ゲイン

インカム・ゲインとキャピタル・ゲインという用語は、広く一般的に利用されています。

改めて説明するまでもないかもしれませんが、インカム・ゲインとは、図表15・1に記載したような定期的な収入のことをいいます。キャピタル・ゲインとは、投資金額に対して売却して儲かった利益のことです。

現在の日本は低成長で、人口減少、高齢化が進んでおり、今後、経済環境の変化によって大幅な値上がり（キャピタル・ゲイン）が発生するというのは想定しづらい状況です。このため、大半の投資家はインカム・ゲインを目的に投資を行っています。

新興国の経済環境の発展による不動産価格の値上がりは、キャピタル・ゲインの典型例ですが、先進国においては、あまり期待ができません。日本においてキャピタル・ゲインを得るためには、図表15・2のような方法で行動するしかありません。

不動産業者が保有する在庫不動産を捌く方法はいくつかあります。図表15・2に記載した「リノベーション」や「用途変更」はマンション販売などにおいてよく採用されている方法です。基本的には投資物件よりも実需物件のほうが高く売れるのですが、入居中の物件を投資物件として購入した後、利回りを考えない（経済合理性を無視した）実需の購入者に売却していくというのが、多くみられます。

また、相続税対策として販売することによって、経済合理性を欠く購入者に売却します。

日本においてキャピタル・ゲインを確保するためには、カモを見つけて売るのが基本的な戦略になっているのです。

❖投資利回りは２つに分けて考えよう！

図表15・1　インカム・ゲインとキャピタル・ゲイン

図表15・2　キャピタル・ゲインの発生要因

要因	内容
不動産相場の上昇	景気循環によって不動産価格が低い時に購入して，高い時に売却する
リノベーション	築古物件を改装して，物件の価値を上げる
用途変更	収益物件から実需物件への転換によって，利益を出す
割高でも買ってくれる層に売る	相続税対策など，経済合理性を欠く買手に売却する

16

不動産の利回りはどのように計算しているか？（CR、グロス利回りとネット利回り）

不動産鑑定評価において、不動産の価格は、**原価法**、**収益還元法**、**取引事例比較法**の3種類によって計算されます。それぞれの評価手法の内容については、図表16・1のとおりです。

収益物件に関しては、基本的に「いくら儲かるか」で価値を計算するため、収益還元法を重視して価格を決定します。原価法（いくら建設費がかかったか？）を採用して価格が決定されることは、ほぼありません。収益物件は、「純収益」と「利回り」だけで価格が決定されるため、割安か割高かという判断が簡単です。

ここで、主にレジデンスへ投資する場合、利回りを「**グロス利回り**」と「**ネット利回り**」という言い方をする場合があります。具体的な計算方法は図表16・2に記載したとおりです。不動産の利回りは、年間収益を投資金額で割って計算します。「年間収益」という場合、賃料総額（グロス・インカム）を利用したものを「グロス利回り」といい、管理費などの費用を控除した純収益（ネット・オペレーティング・インカム：NOI）を利用したものを、「ネット利回り」といいます。投資家にとっては実際にいくら手元に入ってくるかが重要なため、「ネット利回り」しか利用しません。

また、収益物件の不動産利回りとしては、「**キャップレート（CR）**」という言い方のほうが一般的なのですが、これはネット利回りと同じ意味です。ただし、CRは、NOIを基に計算する場合と、**CAPEX**（設備投資）や敷金などの運用収益を加味した**NCF**（ネット・キャッシュ・フロー）を基に計算する方法の2種類があります（図表16・3参照）。

投資家が一般的に利用するのは、NOIベースのCRです。

❖不動産価格の計算方法はいくつもある！

図表16・1 不動産価格の計算方法

計算方法	計算式	対象
原価法	建築費－経年減価＋土地の取得価額	マイホーム 事業用物件
収益還元法	純収益 ÷ 利回り	収益物件
取引事例比較法	近隣の取引事例	全般

図表16・2 グロス利回りとネット利回り

種類	計算方法
グロス利回り	賃料 ÷ 投資金額
ネット利回り	（賃料－管理費等） ÷ 投資金額

図表16・3 キャップレートの計算方法

種類	計算方法
CR（NOIベース）	純収益 ÷ 投資金額
CR（NCFベース）	（純収益－ CAPEX ＋運用収益） ÷ 投資金額

投資家が不動産の投資判断に使うのは，ネット利回り（NOIベースのCR）だよ。

17 不動産の種類と特徴

不動産にはさまざまな種類があります。ここでは、レジデンス、オフィスビル、商業施設、事業用不動産といった区分で比較します。

●レジデンスの特徴

レジデンスは居住用の不動産のため、1棟まるごと保有している場合、多数の賃借人が存在します。単身者向けのマンションの場合は、入学、卒業、転勤などのタイミングで賃借人が入れ替わります。ファミリー向けのマンションの場合は、ある程度長い期間の居住を見込むことができますが、礼金などの発生はそれほど頻繁に起きません。

小口分散しているため、満室近くまで稼働できれば収益性は安定するのが特徴です。ただし、賃借人が多いため、入金管理、修繕、募集など、管理の手間がかかります。

●オフィスビルの特徴

オフィスビルの場合は、ある程度の賃貸面積を法人向けに貸出するため、レジデンスほど賃借人の数は多くなく、管理についても比較的容易に行うことが可能です。ただし、オフィスビルの賃借人は、新しいビルができれば移転しますし、賃料が割高になっても移転します。また、賃料も景気によって変動しますので、都心の一部を除いて、安定的な賃料が見込めるわけではありません。

ビルのグレードと立地によって稼働率や賃料が異なってくるため、オフィスビルのブランド力を維持していくことが必要となります。

●商業施設の特徴

商業施設（飲食店やスーパーなどが入っている施設）の場合は、オフィスビルと同じく、賃借人の数は多くあ

❖タイプごと不動産投資の比較

	レジデンス	オフィスビル	商業施設	事業用不動産
収益の安定性	高	中	中	低
募集の難易度	低	中	高	-
賃借人の判断基準	立地・グレード	立地・グレード	キーテナント	立地
管理の難易度	中	低	中	高
利回り	低	低	高	高

りません。ただし、商業施設がオフィスビルと決定的に異なる点は、お客さんが来るか来ないかで賃借人が借りるか借りないかを判断する点です。

いくら新しくても集客が見込める商業施設でなければ出店しませんし、立地についてもそれほど大きな判断基準にはなりません。そういう意味では、どれだけ集客力のあるキーテナントを誘致できるかによって、商業施設の収益性は大きく変わってきます。

●事業用不動産の特徴

事業用不動産として、ここではビジネスホテルを運営する場合を例に説明をします。ビジネスホテルの売上は、お客さんの宿泊によって発生しますので、自ら集客を行う必要があります。立地によって集客が大きく異なるため、場所としてはオフィスビル需要エリアに似ています。ただし、自らホテル運営をしなければならないため、不動産を賃貸する場合と比較すると、事業リスクが発生します。

不動産投資をそのタイプごとに比較すると上の図表のようになります。

18 投資物件と実需物件の違い

世の中には「新築マニア」と言われる人が多く存在しています。普段、どのような不動産を取引の対象としているかによりますが、中古の投資用物件と比較すると、実需の物件（マイホームなどの自分で利用する物件）や新築物件はプレミアムが発生していることを理解しておく必要があります。

ここでは、実需・新築プレミアムについて、利回りをどのように判断していくかを説明します。

まず、不動産の世界では、一般的な経済合理性には当てはまらないプレミアムが存在しています。マイホームなどの実需（自分で使う）物件は、利回りが低くなります。また、新築物件は一度でも使用すると新築プレミアムが消滅し、利回りが高くなります。販売価格5,000万円でマイホーム（実需）、投資用物件（新築）、投資用物件（築10年）を購入したとすると、賃料水準、利回りのイメージは図表18・1です。

「Ⓐ実需で新築を取得した場合（当初利回り：3%）」、「Ⓑ投資用マンションを新築で取得した場合（当初利回り：5%）」、「Ⓒ築10年程度の投資用マンションを取得した場合（当初利回り：7%）」のキャッシュ・フローを比較すると図表18・2のとおりです。

ここで、賃料の低下は、当初賃料から比較して年率1%程度を想定し、築20年経過後は、賃料の低下は発生しないものとして計算しています。40年間の運用による収入（割引前）の合計を比較するとⒶ102%、Ⓑ170%、Ⓒ192%、利回り（IRR）は、Ⓐ0・09%、Ⓑ3・01%、Ⓒ4・95%となります。

この結果からも、実需物件は投資目的で保有する対象とはならないことがわかります。

❖実需物件は投資対象にしてはいけない！

図表 18・1 販売価格 5,000 万円のレジデンスの利回り比較

用途	賃料水準	グロス利回り
マイホーム（実需）	12.5 万円 / 月	～ 3%
投資用物件（新築）	21 万円 / 月	～ 5%
投資用物件（築 10 年）	29 万円 / 月	～ 7%

＊上記は，筆者の主観による作成のため，あくまで参考値としてご理解ください。

図表 18・2 築年数・利回りによる比較

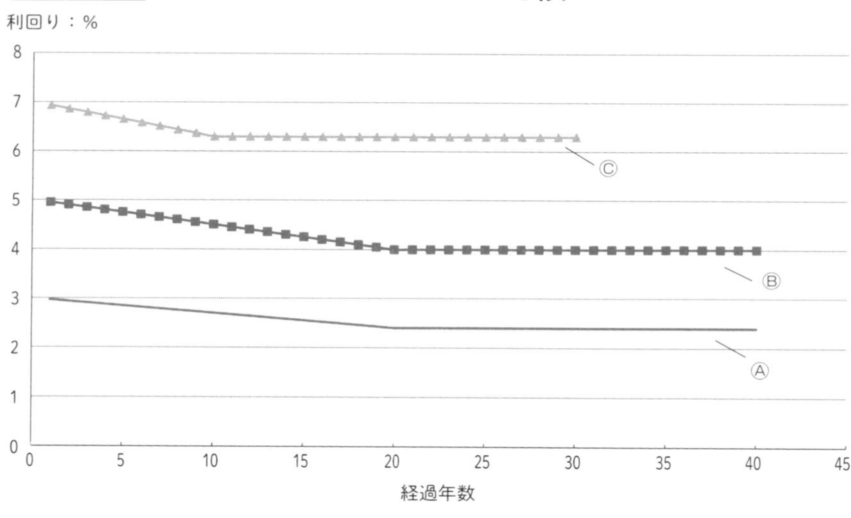

19 不動産の取得方法による違い

不動産の取得方法としては、不動産の現物の取得が一般的ですが、必ずしも得策ではない場合もあります。

ここでは、不動産の取得方法として、Ⓐ現物の取得、Ⓑ株式の取得、Ⓒ信託受益権の取得の3つを例にして説明します。

不動産流通税（登録免許税、不動産取得税）と仲介業者の許認可を比較したものが図表19・1です。

まず、Ⓐ不動産を現物で取得する場合、軽減税率を無視して建物を取得した場合を考えると、不動産価格の6％の不動産流通税がかかります。

Ⓑ株式の取得、Ⓒ信託受益権の取得の場合は、不動産流通税がかからないため、取得コストは安くなります。

不動産仲介業者は、Ⓐ不動産の現物を紹介してきますが、他の取得方法だと、宅建業に基づく仲介手数料が取れないからです。

それぞれのメリット・デメリットについて、比較したものが図表19・2です。

Ⓑ株式取得の場合、仮に、不動産10億円と借入金10億円のみの会社は、純資産0円で購入できます。また、不動産の売買ではありませんので、不動産流通税はかかりません。10億円の不動産を保有している会社を0円で購入できるなど、取得金額を抑えることができます。ただし、気を付けないといけないのが、隠れた債務（簿外債務）の存在です。

次に、Ⓒ信託受益権を取得する場合も、不動産流通税はほとんどかかりません。また、信託受益権は、信託銀行などが管理しており、Ⓑ株式取得のように簿外債務を気にする必要はありません。

ただし、不動産の管理を信託銀行などに委託するため管理費用がかかります。取得費用は安くてリスクも少ないのですが、管理費用を考えて、トータルでどちらが割安かを判断する必要があります。

❖不動産は現物以外でも取得できる！

図表19・1 不動産の取得方法の比較

ケース	取得方法	登録免許税	不動産取得税	仲介業者の許認可
Ⓐ	現物の取得	不動産価格の2%	不動産価格の4%	宅建業
Ⓑ	株式の取得	-	-	なし
Ⓒ	信託受益権の取得	一筆1,000円	-	金融商品取引業者

＊軽減税率を加味しない建物の取得の場合として記載

図表19・2 取得方法によるメリット・デメリット

取得方法	メリット	デメリット
現物の取得	・不動産以外のリスクを負わない	・税金が高い
株式の取得	・取得時の税金がかからない ・購入額が安くなる可能性がある	・簿外債務が存在する可能性がある
信託受益権の取得	・取得時の税金が安い ・簿外債務を引き継ぐ必要はない	・信託契約のコストがかかる

不動産を現物以外で取得すると，不動産流通税の負担が発生しないんだ。
ただ，簿外債務などに注意が必要だね。

20 不動産投資において個人と法人は何が違うのか？

不動産を個人で保有するか、法人（会社）で保有するかによって、税務上の取扱いが大きく異なります。

●損益通算という概念

個人の所得は、事業所得、給与所得、不動産所得など、10種類に分かれます。賃料収入は、不動産所得のため、他の所得（たとえば、事業所得）と**損益通算**することができます。不動産を譲渡した際の所得（**譲渡所得**）については、損益通算することができず、不動産の売却によって利益（所得）が発生する場合は、課税が発生します。法人の場合は、個人のような所得区分は存在しないので、すべて損益通算が可能です。両者を比較すると、図表20・1のようになります。

●具体的な計算例

不動産は時期によって利益が発生したり、損失が発生したりします。個人の不動産以外の所得がマイナスということはほぼないので、利益が出ている時は、あまり問題にはなりません。

逆に、不動産の売却損が発生した場合、原則として他の所得と損益通算できないため、売却損を所得から差し引くことができません。たとえば、個人事業者と法人事業者が、簿価10億円の物件を5億円で売却したとします。事業所得が5億円だった場合、簡便的に税額を比較すると図表20・2のようになります。個人の場合、不動産の譲渡所得を事業所得と合算できないため、不動産の売却損が5億円出ていても、事業所得の利益5億円に税金がかかります。法人の場合は、不動産の売却損と事業所得を相殺（損益通算）できるため、税金はかかりません。

不動産譲渡で売却益が出るときには、どちらも税金がかかるので、それほど違いはないのですが、不動産を売却して売却損が出る場合には、税額に大きな差が生じます。

❖不動産譲渡（売却）の税金は，個人と法人で大きく違う！

図表 20・1 個人と法人の損益通算

図表 20・2 個人と法人の税額の比較

	個人の場合	法人の場合
不動産譲渡所得	△５億円	△５億円
事業所得	５億円	５億円
課税所得	５億円	０円
税金（税率 50%）	2.5 億円	０円
税引後利益	2.5 億円	０円

＊上記は簡便的に計算したもので，前提によって税額が異なります。

コラム

不動産以外の投資方法を知っておこう

不動産の投資家は，不動産以外の投資を行わない人も多いようです。不動産は，流動性が著しく低いため，マーケットがクラッシュしたときに逃がれられないという弱点があります。

不動産は安定的な収益をもたらす資産なので，安定収益を確保するために保有しておくことは間違いではありませんが，ある程度リスクを下げるために，アセットアロケーション（資産配分）を適切に行うべきです。必ずしも正しい組合せが存在するわけではありませんが，流動性，リスクの方向性が似ているものは避けたほうがいい，とだけは言えます。

たとえば，不動産と債券は，金利に連動するため，金利が上昇すれば不動産価格は下がり，債券価格も下がります。この２つは同じ方向に動く資産なので，両方持っていてもリスクヘッジにはなりません。

不動産と為替も，金利に連動します。金利が上昇すれば不動産価格は下がり，為替レートも他通貨からの資金流入が増えるため円高（たとえば，１ドル＝110円から１ドル＝100円になる）になります。為替も不動産と同じ方向に動くので，金利変動に対するリスクヘッジにはなりません。ただ，流動性という観点では，為替は非常に流動性が高いため，流動性リスクを下げることにはつながります。

不動産のリスクヘッジは，リスクの方向性と流動性の観点から行う必要があるのです。

第 3 章

投資対象とする不動産の種類を正しく理解しよう

個人も含めて広く投資されているJ-REITにおいても，ホテル，商業施設，物流施設，データセンター，ヘルスケア施設など，さまざまな種類の不動産が組み込まれています。以前は，一部のプロ投資家のみが対象としていたアセットタイプについても，今では広く投資対象になってきたと言えます。
ここでは，投資対象となる不動産の種類について，どのような特徴があるのかについて解説を行います。

21 代表的な運用資産と不動産投資スキーム

不動産ファンド等が行う投資は、取得する資産タイプ、エリア、投資スキームがある程度絞られます。

個人や法人で不動産を運用している場合は別ですが、外部資金を運用する不動産ファンドでは、ある程度の金額規模以上でなければ投資対象とはできないため、取得する不動産が似たような対象になってくるのです。

まず、不動産ファンドの売買対象で最も多いのがオフィスビルです。レジデンス、商業施設、倉庫（物流施設）を合わせると、80％くらいを占めます（図表21・1）。オフィスビルは昔から多いのですが、近年は物流施設が急激に増えてきました。

次に、エリアは、図表21・2から、東京都が圧倒的です。年度によって若干の差はありますが、東京、神奈川県、千葉県で全体の50～60％を占めています。図表21・2は件数ベースなので、金額ベースでは東京都の比率がさらに高まり、不動産ファンドはほぼ首都圏で活動しているといえます。それくらい、投資エリアに偏りがあります。

また、利用している投資スキームとしては、**GK-TKスキーム**や**TMK**（詳しくは第5章参照）も依然として多い一方で、投資法人（J-REIT）の割合が高くなってきました。J-REITには、低金利で運用難になっている投資家の資金が流入して規模がますます拡大し、伝統的なプロ投資家が利用してきたGK-TKスキームやTMKと比較しても、無視できないくらい巨大な不動産投資ファンドとなっています（図表21・3）。

ここでは不動産ファンドの投資対象やスキームなどがどのように変化してきたかを説明しましたが、このようなトレンドを理解しておくことで、不動産マーケットへの理解がより深まると思います。

❖プロ投資家の投資対象は？

図表 21・1 用途別証券化の対象となる不動産の取得実績の推移

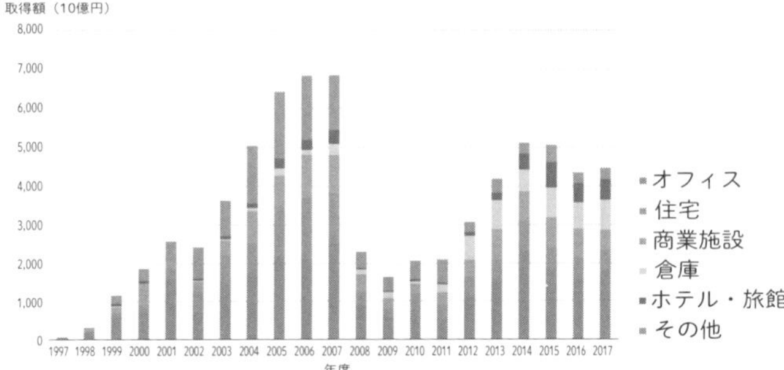

図表 21・2 都道府県別の取得件数の推移

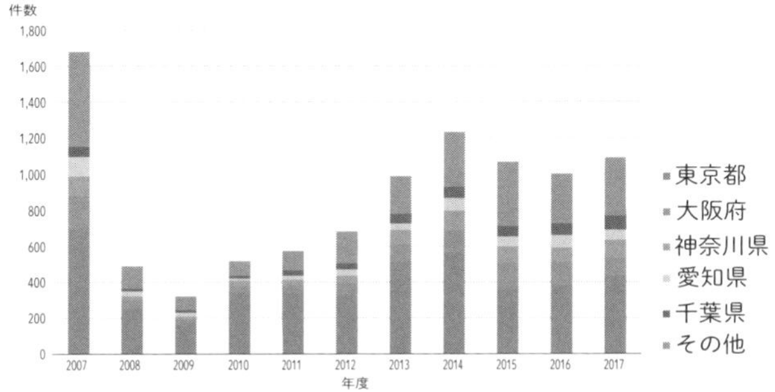

図表 21・3 スキーム別の取得実績の推移

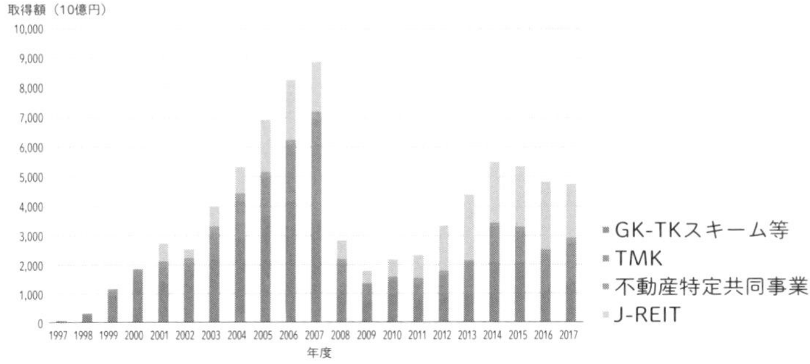

出所：図表 21・1 〜 21・3 すべて国土交通省「平成 29 年度不動産証券化の実態調査」

22 アセットタイプの拡大

少し前であれば、不動産投資というと、オフィスビルとレジデンスの投資に大きく二分されていましたが、J-REITの投資対象もさまざまなアセットタイプに広がっています。

具体的には、ホテル、商業施設、物流施設、ヘルスケア施設などです。これらは、以前は自社で事業として運用する会社が保有するケースか、プロ投資家のみが投資するケースに限られており、一般投資家の投資対象ではありませんでした。

ただ、投資家のニーズが多様化してきたのと、運営会社（オペレーター）の資金調達ニーズが高まってきたことから、投資対象となるアセットタイプが拡大しています。

詳しくは23以降で説明しますが、オフィスビルやレジデンス以外の不動産は、想定される賃貸期間が長期であったり、利回りが高かったりするものもあります。従来はプロ向けの投資対象でしたが、代替不動産を投資対象とするJ-REITが上場することによって、一気に一般投資家に広まりました。

J-REITの主な投資対象は左の図表のとおりですが、物流施設を投資対象とする投資法人が多数上場していることがわかります。商業施設やホテルは、もはや珍しいものではなく、一般投資家のJ-REITへの投資によって、身近な投資対象になってきているようです。

❖ J-REITの投資対象（一部抜粋）

タイプ	証券コード	名称
総合型	3462	野村不動産マスターファンド投資法人
	8954	オリックス不動産投資法人
	8955	日本プライムリアルティ投資法人
オフィス	8951	日本ビルファンド投資法人
	8952	ジャパンリアルエステイト投資法人
	8976	大和証券オフィス投資法人
レジデンス	3269	アドバンス・レジデンス投資法人
	3282	コンフォリア・レジデンシャル投資法人
	3226	日本アコモデーションファンド投資法人
商業施設	8964	フロンティア不動産投資法人
	3292	イオンリート投資法人
ホテル	3287	星野リゾート・リート投資法人
	8985	ジャパン・ホテル・リート投資法人
物流施設	3281	GLP投資法人
	3283	日本プロロジスリート投資法人
	8967	日本ロジスティクスファンド投資法人
ヘルスケア	3455	ヘルスケア&メディカル投資法人

23 オフィスビルとレジデンスの違い

オフィスビルとレジデンスは、主な不動産の投資対象です。一般に不動産オーナーというと、このどちらかを保有しているのですが、借り手の属性が法人か個人かという点で、いくつか違いも存在します。

ここでは、オフィスビルとレジデンスの違いについて、両者を比較することで解説していきます。

まず、オフィスビルは、法人の事務所利用を想定しているので、所在地と建物のグレードが、空室率と賃料に大きく影響します。レジデンスの場合は、全国どこにでも借り手を確保できますが、ある程度の規模のオフィスビルとなると、三大都市圏（東京、大阪、名古屋）以外では、借り手の確保が困難です。オフィス系のＪ－ＲＥＩＴの保有物件を見るとわかると思いますが、物件のほとんどが東京都心部に集中しています。

地方でもオフィスビルは存在しますが、プロ投資家やファンドが投資するような物件はありません。

さらに、借り手が企業であるため、空室率や賃料が景気変動に敏感に反応します。その点では、レジデンスのほうが物件を取得できるエリアが広く、利回りも高いため、投資対象には向いています。オフィスビルの運用は、テナント数が少なく管理手間がかからないのですが、安定的に稼働する物件はどうしても高額になります。

オフィスビルとレジデンスを比較すると、左の図表のようになります。それぞれの特徴を把握しておくことが重要です。

❖オフィスビルとレジデンスの比較

	オフィスビル	レジデンス
エリア	東京都などの大都市	全国どこでも
規模	大きい	物件による（小～大）
利回り	低い	物件による（小～大）
物件数	少ない	多い
テナント数	少ない	多い
管理面	容易	手間がかかる

レジデンスは日本中どこにでも投資できるけど，オフィスは大都市の一部のエリアしかニーズがないんだ。

24 レジデンスとホテルの違い

レジデンスは、不特定多数の個人が、賃貸借契約の期間（たとえば2年間）、住居として賃借するものです。ホテルは、個人が、1日単位で臨時の宿泊場所として賃借するものなので、収益が安定しない分、宿泊費はレジデンスよりも高く設定されます。

実際にファンドなどでホテルを保有する場合は、自分でホテル運営をするということはありませんので、オペレーター（運営会社）との間で賃貸借契約を締結する（**リース方式**）か、運営委託をする（**MC方式**）のどちらかになります。

オペレーターからすると、事業リスクを取らないMC方式のほうが都合がよく、所有者からするとリース方式のほうが都合がいいのです。所有者側に有利なリース方式を前提に話を進めると、オペレーターにホテル全体を貸しているだけで、所有者はホテル運営のリスクを取るわけではありません。賃料は固定賃料のみにせず、売上に応じた変動賃料を設定する場合もあります。変動賃料は、稼働の悪い時期の賃料支払いを抑えることができるため、オペレーターにとって都合がいいのです。

変動賃料は、所有者側においては、収益が増加している際に物件価値が上がりやすいというメリットはありますが、収益変動リスクを抱えてしまいます。そのため、固定賃料のウェイトを高くしたほうが安全です。

立地に関しては、ホテルの場合は駅前など条件のよい場所に限られますが、レジデンスはどこでも構いません。ホテルは、ロケーションが駅近のため物件価格は高くなりますが、同じ場所にあるオフィスビルに比べると、事業リスクがあるため、利回りは高くなります。

ホテルとレジデンスを比較すると、左の図表のようになります。

❖ホテルとレジデンスの比較

	ホテル	レジデンス
エリア	主要駅の駅前	全国どこでも
規模	大きい	物件による（小〜大）
利回り	相対的に高い	物件による（小〜大）
物件数	少ない	多い
テナント数	オペレーター1社のみ	多い
管理面	容易	手間がかかる
契約形態	賃貸借契約（リース方式） 委託契約（MC方式）	賃貸借契約
賃料収入	固定賃料＋変動賃料	固定賃料

ホテルは，事業リスク，収益変動リスクがあるから，同じ場所にあるオフィスやレジデンスよりは，利回りが高いんだ。

25 商業施設とオフィスビルの違い

商業施設とは、イオンなどが入っているショッピングセンターです。商業施設の多くは郊外に建っているため、オフィスビルやホテルのような場所（駅前）にあるわけではありません。

オフィスビルの場合は、テナントは場所やグレードで賃借を決めますが、商業施設の場合は、その物件自体の集客力が重要になってきます。物件自体の集客力を決めるのは、「キーテナント」です。

お客さんが来るのは、そこ（商業施設）にわざわざ行くお店（キーテナント）があるからで、場所がいくらよくても、キーテナントが存在しない商業施設は集客できません。キーテナントが不在の場合、他のテナントも売上が期待できないため、出店しようとは思えません。

商業施設は、オフィスビルに比べるとテナント募集の難易度が高く、いかに集客力のあるテナントを誘致できるかが勝負になってきます。キーテナントと呼べるような企業は、運営側からすると賃料を下げてでも誘致したいため、一般に賃料はあまり高く設定できません。

賃料設定方法は、固定賃料と売上に応じた変動賃料を併用しているのが一般的で、テナント側からすると、売上が少ない時期のコストを下げることができます。

商業施設とオフィスビルを比較すると、左の図表のようになります。

❖商業施設とオフィスビルの比較

	商業施設	オフィスビル
エリア	全国どこでも	東京都などの大都市
規模	大きい	大きい
利回り	相対的に高い	低い
物件数	少ない	少ない
テナント数	少ない	少ない
管理面	手間がかかる	容易
賃料収入	固定賃料＋変動賃料	固定賃料
テナントの入居条件	キーテナント	立地，グレード

商業施設は，キーテナントを入れられるノウハウを持った管理会社でないと，運営が難しい。収益変動リスクもあるから，利回りは高いんだ。

26

物流施設とデータセンターの違い

物流施設に投資するファンドは増加しており、J-REITにも相当数が上場しています。中には、産業用不動産（インダストリアルアセット）として、データセンターに投資するファンドも増えてきました。

物流施設は、EC（電子商取引）の増加により、近年供給が増加しています。配送会社は、もちろん自社で物流施設を保有するケースもありますが、急な需要で自社調達が追いつきません。また、今後も物流倉庫の供給が増えてくれば、物流施設の価値が下がるので、自前で持つよりも賃貸で借りたほうがいいと考える会社も多くなります。

物流施設は、オフィスビルやレジデンスに比べると、土地代や建設費が安くすむため、利回りが高いのが特徴です。同様にデータセンターも、企業がサーバーなどを保管しておくためのスペースですが、技術革新が進む中、将来的に同じ規模（広さ）で十分かが不明なため、企業の賃貸需要があります。

物流施設は、首都圏の場合、都心からおよそ30㎞圏内に建設されます。これは、輸送の関係で、幹線道路や高速道路へのアクセスがよいところに限定されるためです。都心から離れすぎていて道路アクセスが悪い場所は需要がありません。

一方、データセンターは、スペースさえ確保できればどこにあっても問題なく、極端な言い方をすれば、場所は関係しません。物流施設のほうが場所を制約されていることがわかります。

物流施設とデータセンターを比較すると、左の図表のようになります。

❖物流施設とデータセンターの比較

	物流施設	データセンター
エリア	大都市圏周辺にアクセス可能な場所	全国どこでも
規模	大きい	大きい
利回り	相対的に高い	高い
物件数	少ない	少ない
テナント数	少ない	少ない
管理面	容易	容易
テナントの入居条件	幹線道路，高速道路などへのアクセスのしやすさ	災害（地震，停電）などへの対策

物流施設は，大都市圏にアクセスがしやすい場所に限定されるんだ。
両方とも，利回りは高いよ。

27 ヘルスケア施設とレジデンスの違い

ヘルスケア施設は、高齢者が入居する老人ホームのような施設です。老人ホームはレジデンスと異なり、入居者の世話や介護が必要になるため、貸したら終わりというものではありません。そういう意味では、ホテルと似ています。

入居者は、長期間の入居を前提としており、入居時の入居保証金、毎月の入居費が発生します。

入居者の世話や介護が必要となるヘルスケア施設を、専門知識を持たない不動産所有者が運営できるはずがありませんので、ホテルと同様、オペレーターに物件を一括賃貸して賃料収入を受領します。

一方で、ホテルと違って入居者数の季節変動などはないため、通常はレジデンスと同じ固定賃料です。

一般的なオペレーターは、介護事業者（ニチイ学館、ＳＯＭＰＯホールディングス、ベネッセホールディングスなど）です。オペレーターからすると、自己資金でヘルスケア施設を建設せずに営業できるため、物件賃貸のニーズが高いのです。

物件所有者からすると、賃貸借契約の期間（通常は長期間）、オペレーターが借入してくれるため、賃料が安定するというメリットがあります。

ヘルスケア施設を、レジデンス、ホテルと比較すると左の図表のようになります。

❖ヘルスケア施設，レジデンスとホテルの比較

	ヘルスケア施設	レジデンス	ホテル
エリア	全国どこでも	全国どこでも	主要駅の駅前
規模	物件による	物件による	大きい
利回り	低い	物件による	相対的に高い
物件数	少ない	多い	少ない
テナント数	オペレーター１社	多い	オペレーター１社
管理面	容易	手間がかかる	容易
契約期間	長い	物件による	長い
賃料収入	固定賃料	固定賃料	固定賃料＋変動賃料

ヘルスケア施設は，オペレーターから長期間の賃料を安定的に受領できるから，ニーズが高いんだ。

28 シェアオフィスとオフィスビルの違い

ここでのシェアオフィスとは、オフィスビルのフロアを一括借入れし、小口でスペースをサブリースするビジネススタイルです。

サーブコープ、リージャスなど、専門的に行っている企業がいくつかありますが、小口でスペースを貸出すので、普通にオフィスビルを借りるよりも賃料は割高です。ただ、テナントからすると、運営会社が受付などをしてくれて、コピー機などのオフィス用品を準備しなくてもよいため、気軽に借りることができます。すなわち、無駄な間接部門へのスタッフの配置や初期投資が少なくてすむのが特徴です。

シェアオフィス事業を行うのはもちろん貸借人である事業者ですから、物件所有者からすると、事業者との間で賃貸借契約を締結して貸し出すだけです。よって、基本的には普通のオフィスビル賃貸と変わりません。

レジデンスも、ウィークリーマンション、マンスリーマンションなど契約形態はさまざまありますが、基本的に物件を所有者から借りてきて、個人に割高に貸し出すビジネスなので、シェアオフィスと同じです。

事業者からすると、自社で物件を保有しなくてよく、事業展開をスピーディに行うことが可能となるため、メリットがあります。物件所有者からすると、事業者に長期間貸し出すことができるため、空室リスクを低くできるというメリットがあります。

シェアオフィスとオフィスビルを比較すると、左の図表のようになります。

❖シェアオフィスとオフィスビルの比較

	シェアオフィス	オフィスビル
エリア	東京都などの大都市	東京都などの大都市
規模	大きい	大きい
利回り	低い	低い
物件数	少ない	少ない
テナント数	オペレーター１社のみ	少ない
管理面	容易	容易
賃貸期間	長い	物件による

シェアオフィスは，オペレーターから長期間の賃料を安定的に受領できるけど，対象になる物件が高額だから利回りは低いんだ。

29 PPPの概要と主な投資対象

公民が連携して公共サービスの提供を行うスキームを**PPP**（パブリック・プライベート・パートナーシップ：公民連携）といいます。

PPPの代表的な手法の1つである、**PFI**（プライベート・ファイナンス・イニシアティブ）とは、公共施設等の設計、建設、維持管理および運営に、民間の資金とノウハウを活用し、公共サービスの提供を民間主導で行うことで、効率的かつ効果的な公共サービスの提供を図るという考え方です。

PPPの対象としては、図表29・1のようなものがあります。

自治体は、PPPを活用すると公共施設の建設費などを民間事業者の資金で行うことができるため、資金的な負担を軽減しながら、行政サービスを提供できるというメリットがあります。

PPP／PFIは、公共施設を自治体に貸し出すことによって、所有者は長期間（20～30年）の賃料収入を得ることができるので、一般企業よりも高い信用力を持つ自治体を借主にすることによって、長期間の安定収入を確保しようというものです（図表29・2）。

また、公共施設の所有権を自治体が持ち、運営権を民間事業者に売却する、**コンセッション**という手法も活用されています。

コンセッションの事例としては、関西国際空港運営事業、愛知県有料道路運営事業、浜松市公共下水道終末処理場運営事業など、いくつかの自治体で実際に活用されています（図表29・3）。

このような取組みは従来から行われてきましたが、社会保障費が増加していく状況で、公共サービスを維持しなければならない自治体では、ますます増加していくと思います。

❖ PPPは民間事業者の重要な投資対象

図表29・1 PPPの主な対象と具体例

対象	具体例
公共施設	道路，鉄道，港湾，空港，河川，公園，水道，下水道，工業用水道等
公用施設	庁舎，宿舎等
公益的施設等	公営住宅，教育文化施設，廃棄物処理施設，医療施設，社会福祉施設，更生保護施設，駐車場，地下街等
その他の施設	情報通信施設，熱供給施設，新エネルギー施設，リサイクル施設，観光施設，研究施設

出所：内閣府

図表29・2 PPPのイメージ

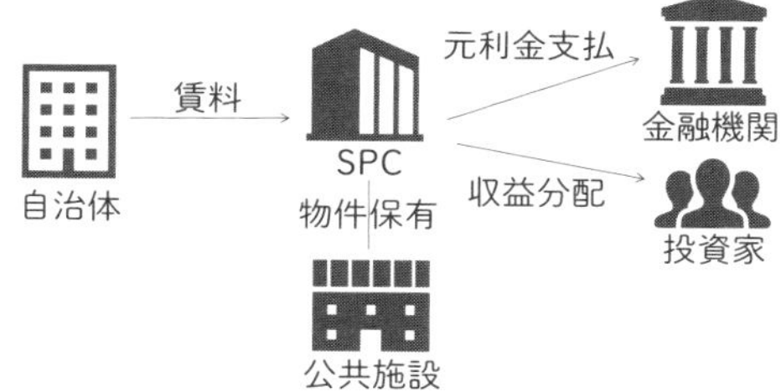

図表29・3 コンセッションのイメージ

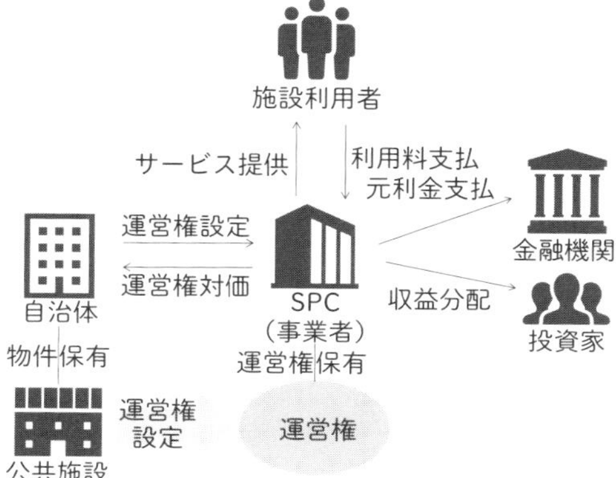

30 インフラ投資と主な投資対象

インフラファンドは、安定的なキャッシュ・フローを生み出す対象としてPPP／PFIに投資するものが本来的です。インフラ事業からのリターン確保を目的に投資を行うファンドであり、オルタナティブ投資（伝統的資産（株式、債券）以外への投資）であるプライベート・エクイティファンド（PE）の一種です。投資対象となるインフラ事業はPPPで、20～30年の長期間にわたり安定的なリターンを確保することを目的としています。

世界でもインフラファンドは規模が大きく、投資対象として拡大しています（図表30・1）。米国では、2018年に7,000百万米ドル（約7,000億円）規模のファンドも組成されており、非常に規模が大きいファンドと言えます。これらのファンドの主な投資エリアは、北米、欧州です。

日本の上場インフラファンド（図表30・2）の主な投資対象は、太陽光発電設備で、太陽光発電による売電収入を投資家に分配するしくみです。これは、FIT（固定価格買取制度）の影響で、太陽光発電設備が大量に増えて、その事業者が資金調達のためにインフラファンドとして上場させたものです。

不動産を投資対象とするJ-REITと比べると、上場インフラファンドのほうが利回りは高くなります。これは、FITが時限的であるため、キャッシュ・フローとして見込める期間が不動産ほど長くないからです。

FITの価格が下がっており、今後も太陽光発電関連のインフラファンドが増えていくかは疑問です。ただし、従来はプロ向けのPPPに投資する本来のインフラファンドは、不動産ファンドに代わる投資対象になるはずで、今後増加していくのではないでしょうか。

❖ PPPは巨大なマーケットへと成長！

図表30・1 各年度に組成された非上場インフラファンドの件数，規模

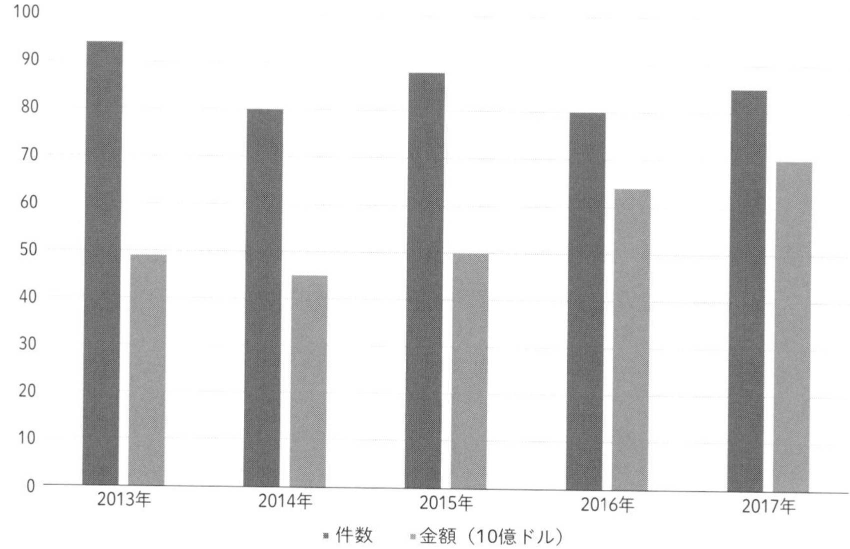

出所：Preqin

図表30・2 日本の上場インフラファンド

証券コード	名称
9282	いちごグリーンインフラ投資法人
9284	カナディアン・ソーラー・インフラ投資法人
9285	東京インフラ・エネルギー投資法人
9286	エネクス・インフラ投資法人
9287	ジャパン・インフラファンド投資法人

＊ 2023年4月末時点において東京証券取引所に上場しているもの

コラム

タワーマンションは未来のスラム街なのか？

日本では，高度成長期以降の住宅供給において，「ニュータウン」という郊外型の大規模なマンション開発を行いました。近年急速に増加したタワーマンションの建設に似ています。

1960年から1980年代にかけて，深刻な住宅不足から利便性の悪い郊外に新駅を作り，ニュータウンとして安価なベッドタウンを形成していきました。当時の日本は高度成長期〜バブル期で都心の地価が異常に高騰していましたので，ニュータウンは非常に人気があり，ものすごい倍率の抽選で人々は購入していました。

大規模都市開発のメリットは，一気に人口が増えるため，インフラ整備を同時に行いやすく，都市形成が早く進む点です。

デメリットは，同時期に同じような年代（たとえば，子育て世代）が集中することにより，ニュータウンの老朽化（マンションの躯体，インフラ）に伴い，住民も高齢化し，他へ転居してしまうことです。行政も費用対効果からみて，人口流出地域のインフラ整備には後ろ向きです。

利便性の良い場所であれば，新しく転入する人達もいますが，利便性が悪く人口が減少していく中では，急激な人口流出が起こります。たとえば，大阪の千里ニュータウンは地下鉄御堂筋線に直結しているため，まだ人の流入もありますが，東京の多摩ニュータウンは利便性の面から人が入ってくる要素はありません。

今後ますます人口減少が進み，中途半端な都市部からの人口流出が予想されています。中途半端なタワーマンションは，スラム街になる可能性があるということを知っておくべきです。

第4章

不動産投資における資金調達（デット）

日本における不動産運用では，積極的にキャピタル・ゲインを稼ぎにいくというよりも，安定した利回りを確保しながら，うまくEXITすることが求められます。
ここでは，安定的な利回りを確保するためのレバレッジとして，デットファイナンス（借入）による資金調達について解説します。

31 レバレッジと利回りの関係を理解しておこう

不動産投資は売買金額が大きいため、1件の投資にかなりの投資額が必要です。いくらでも資金がある投資家であれば問題ありませんが、最大限の投資を行うために、借入を行うケースも多いと思います。すなわち、最大限の投資利回りを確保するために、銀行借入を梃子（**レバレッジ**）として活用することが一般に行われています。

少ない手元資金でいかに多くの不動産に投資をするかという点から、不動産投資においてレバレッジは重要です。レバレッジ（借入）を活用すれば、手元資金1億円で物件を購入する場合、銀行借入で2億円調達できると3億円の物件を購入することができます。

たとえば、利回り10％の不動産をすべて自己資金で投資すると、利回り（税引前）は10％ですが、70％を銀行借入（金利3％）で調達した場合は、左の図表のように利回りは26％に上がります。

利回りが増加したのは、物件の利回りが10％に対して借入金利が3％であるためです。これをレバレッジ（梃子）といいます。自己資金が1億円しかない場合、1億円の物件を全額自己資金で購入すると1物件しか購入できません。レバレッジ（借入）を活用すれば、1億円の物件を3・3物件（1億円÷3千万円）購入できるので、純収益も1千万円から約26百万円（7・9百万円×3・3物件）に増加します。同じだけの自己資金を利用しても、レバレッジを利用すると、2・6倍儲かることになります。

ただし、過度にレバレッジを利用すると、借入金の返済によってキャッシュ・フローが圧迫されることになるため、留意が必要です。

❖レバレッジの利用による投資利回りの変化

単位：百万円

		レバレッジのないケース	レバレッジのあるケース
購入額	A=B+C	100	100
うち自己資金	B	100	30
うち借入金	C	0	70
年間収益	D	10	10
支払利息	E=C×3%	0	2.1
純収益	F=D − E	10	7.9
投資利回り	F/B	10%	26%

レバレッジをかけると，利回りが大幅に増加するんだ！

32 銀行の思考を理解しよう

借入をする理由はともかく、銀行から資金調達するためには、基本的な銀行の思考（好き嫌い）を知っておかなければなりません。

収益物件を銀行借入で購入する場合、入居者から受け取る賃料で借入金の元金と利息を支払わないといけませんが、「そもそも返済できるだけのキャッシュ・フローが確保できるか？」というのが、銀行において最も重視されるポイントです。

たとえば、１００％銀行借入で利回り３％の物件を購入した場合、金利がゼロでも返済に33年かかります。実際には金利もかかりますし、賃料収入から発生する収益に対して税金もかかるので、借入金の返済までに50年くらいかかってしまいます。銀行が収益物件を購入するのに50年間の融資をするかというと、そんなわけはなく、そもそも利回り３％の物件を１００％の借入で購入すべきではありません。借入がないケースと借入（ＬＴＶ70％）があるケースの利回りとキャッシュ・フローの比較が左の図表です。借入があると、利回りが上がってもキャッシュ・フローがタイトになります。

住宅ローンは、35年という長期での返済も可能ですが、これは、自分の家を守るために、何とかして払うだろうという銀行からの期待も込められた長期融資だからです。収益物件は35年もすれば、大規模修繕も必要になり、賃料も下がります。収益物件は、賃料が下がり空室が増えると、急激にキャッシュ・フローが悪化し、借入の返済が困難になります。当然、銀行も住宅ローンよりも長い貸付はしません。

銀行は、融資先の状況を定期的にチェックしますが（銀行では「自己査定」と言います）、借入金の返済年限も大きなチェック項目になります。銀行では、そもそも長期資金は融資しにくいということをあらかじめ理解しておく必要があります。

❖借入（10年間）がある場合とない場合の比較

単位：百万円

		レバレッジのないケース	レバレッジのあるケース
購入額	A=B+C	100	100
うち自己資金	B	100	30
うち借入金	C	0	70
年間収益	D	10	10
支払利息	E=C×3%	0	2.1
純収益	F=D − E	10	7.9
利回り	F/B	10%	26%
借入金返済	G=C/10	0	7
キャッシュ・フロー	H=F − G	10	0.9

レバレッジをかけると，利回りが上がるけど，手許資金がタイトになるんだね。

33 ノンリコースローンとはどういう借入か？

個人オーナーはあまり利用しないかもしれませんが、不動産ファンドでは、不動産ファイナンス＝**ノンリコースローン**と言っても過言ではないくらい浸透しています。英語で書くとNon-Recourse Loanとなり、**リコースローン**が一般的な融資、ノンリコースローンが返済原資を不動産に限定した融資だと思ってください。

通常、金融機関が貸付を行う場合、貸付債権の返済原資は借入人のすべての財産ですが（リコースローン、遡求型融資）、貸付債権の引当財産を一定の財産（責任財産）に限定し、借入人の他の事業や財産からの回収を制限または禁止する貸付形態をノンリコースローン（非遡求型融資）といいます。

ただし、全く遡求しないという意味ではありませんので、本来であればリミテッドリコースローン（限定遡求型融資）という言い方のほうが正確なのでしょう。

リコースローンは、借入人の信用力によって与信判断をしますが、ノンリコースローンは不動産しか回収原資がありませんので、不動産のみで与信判断を行います。当然ながら、信用力のある会社の場合は、リコースローンで借入をしたほうが調達コストは安くなります。

ノンリコースローンのメリットは、仮に借入金の元利金の支払いができなくなった時でも、不動産物件を手放せばそれ以上の支払いは必要がない点です。

リコースローンとノンリコースローンを比較したものが左の図表となります。

❖リコースローンとノンリコースローンの比較

	リコースローン	ノンリコースローン
会社の信用力	融資判断において最も重要となる	ある程度は関係する
金利	借り主の信用力が高い場合，低くなる	優良物件であるほど，低くなる
投資に失敗した場合	すべての財産で借入金を返済する	担保不動産のみを処分すればよい

ノンリコースローンは，リスクを限定できるけど，条件は良くないんだ。

34 コベナンツとは？

ノンリコースローンには、一般的に「**コベナンツ**」というものが設定されます。

ノンリコースローンは、支払原資が担保設定物に限定されます。通常のリコースローンであれば、企業活動から返済を受けることができますが、ノンリコースローンは、担保設定している不動産以外からは返済できませんので、優先的に弁済を受けられるように融資条件を設定する必要があります。

コベナンツとは、「制約条項」のことで、借入期間において貸手と借手との間でする約束です。広い意味では、「決算書を○カ月以内に提出する」というような約束もコベナンツに含まれます。

ノンリコースローンの貸手は、担保としている不動産から最優先に資金を回収しなければなりませんし、銀行内の格付に影響しないようにするために、安定的な利益確保と純資産維持をしてもらわなければなりません。このような理由から、他の貸手よりも優先的に資金回収ができる状態にしておかなければいけないので、コベナンツが利用されるのです。

広義のコベナンツは、遵守事項としての報告義務をはじめいろいろなものが含まれます。そこで、財務面に着目した狭義のコベナンツを「財務コベナンツ」といいます。

財務コベナンツには、純利益計上や純資産維持などの一般的なものもありますが、不動産ファイナンス特有のコベナンツとしては、①は**デット・サービス・カバレッジ・レシオ（DSCR）**、②は**ローン・トゥー・バリュー（LTV）**があります。

この2つの財務コベナンツの内容と計算式は左の図表のとおりです。

❖コベナンツの計算式

<table>
<tr><td rowspan="4">コベナンツ</td><td rowspan="2">デット・サービス・カバレッジ・レシオ（DSCR）</td><td>内容</td><td>不動産から発生するキャッシュ・フローが元利金支払額の何倍かを判断する指標</td></tr>
<tr><td>計算式</td><td>DSCR ＝ネット・キャッシュ・フロー（デット・サービス支払前）÷ デット・サービス

ネット・キャッシュ・フロー
＝賃貸収入－運営費用（減価償却費除く）－ CAPEX

デット・サービス
＝年間返済元金＋年間返済利息＋手数料</td></tr>
<tr><td rowspan="2">ローン・トゥー・バリュー（LTV）</td><td>内容</td><td>不動産の物件価値に対して，どの程度の借入水準となっているのかを判断するための指標</td></tr>
<tr><td>計算式</td><td>LTV ＝借入金額 ÷ 物件時価評価額</td></tr>
</table>

基本的なコベナンツは一般常識なので知っておこう！

35 優先劣後構造を理解する

ファイナンスを行う際には、優先劣後構造を設ける場合があります。これは、資金調達先によってリスク・リターンの選好が異なり、それぞれの資金調達先に応じたファイナンスを行う必要があるためです。また、投資利回りを最大化するために、外部調達を最大限行うことが必要と考える場合、リスク・リターンを数種類に分けて、それぞれ外部投資家を募集します。

ここで、優先劣後構造を設けることを、トランチング（Tranching）といい、各部分を**トランシェ**（Tranche）といいます。

特別目的会社（SPC）を使用した不動産ファイナンスを例にすると、左の図表のように分類されます。返済順位としては、シニアが最も安全で、次にメザニン、エクイティが最もリスクが高くなります。

「**シニア**（Senior）」とは、通常の銀行借入だと思ってください。通常の融資ですので、金銭消費貸借契約に従って、「いつ・いくら支払う」というものが契約上定められています。特に返済条件に制限はありませんので、最も返済順位が高いトランシェです。

「**メザニン**（Mezzanine）」は「中二階」という意味ですが、「シニア」と「エクイティ」の間にあることからきています。当然に、シニアよりもメザニンのほうが返済順位は劣後します。

「**エクイティ**（Equity）」とは、単純に言うと株式です。法的な債務ではありませんし、「メザニン」に優先株式が入っている場合は、〝株主間契約〟によって、優先株式を償還するまでは、配当を行わないなどの取決めを設けます。また、不動産ファイナンスでは、匿名組合出資をエクイティとして扱う場合があります。匿名組合出資とは、発生した収益について分配する商法上の契約であり、不動産から発生するほぼすべてのリスクとリターンを分配します。

❖トランシェの例

<table>
<tr><th>種類</th><th>トランシェの呼び方</th><th rowspan="7">低い
↑
リスク・リターン
↓
高い</th></tr>
<tr><td>借入金・社債</td><td>シニア</td></tr>
<tr><td>劣後借入・劣後債</td><td rowspan="2">メザニン</td></tr>
<tr><td>優先株式</td></tr>
<tr><td>匿名組合出資</td><td rowspan="2">エクイティ</td></tr>
<tr><td>普通株式</td></tr>
</table>

36

オフバランス取引

オフバランス取引とは、会社のB/S（バランスシート：貸借対照表）から消える（オフ）取引、または、会社のB/S（バランスシート）に登場しない（オフ）取引です。会社のB/Sに計上される取引は、オンバランス取引といいます。オフバランス取引には、流動化・証券化、保証、リースなどさまざまな種類がありますが、ここではリース取引を例に説明します。

リース取引は、賃貸借契約なので、家賃を支払うのと同じようにリース料を支払う必要があります。自社で購入すると購入資金の調達が必要となり、有利子負債の金額が異常に膨らむのですが、リース取引はこれを回避することができます。

リース取引によるオフバランス効果を少々極端な例で説明しましょう。A社が、本社建物を建設するために必要な資金が30億円だったとします。自社で購入すると、30億円の借入を行って建設することになります。A社の本社建設前のB/Sおよび返済能力は図表36・1のとおりでした。

ここで、30億円の借入を行って自社で建設を行った場合、借入および建設後のB/Sは図表36・2となります。営業CFが3・1億円に減少したため、有利子負債営業CF倍率が12・9倍に急激に増加し、返済能力が大幅に悪化します。

これを、自社建設ではなく、第三者に建物を建設してもらいその物件を賃借する場合（リース契約）が図表36・3になります。この場合は、借入金・不動産の金額はB/Sにオンバランスされず、有利子負債営業CF倍率も4・8倍と、建設前からわずかに上昇しただけです。このように、オフバランス取引を活用することで、財務指標を良く見せることができるのです。

❖オフバランス取引の効果

図表36・1 A社のB/S，返済能力

調達前

現金預金 10億円	有利子負債 10億円
売掛債権 10億円	純資産 10億円

	金額（億円）
経常利益	5
税引前利益	5
法人税等（30%）	1.5
税引後利益	3.5
営業CF=経常利益－TAX	3.5
有利子負債/営業CF	2.9年

図表36・2 自社建設した場合のB/S，返済能力

調達後

現金預金 10億円	有利子負債 30億円
売掛債権 10億円	
本社ビル 30億円	有利子負債 10億円
	純資産 10億円

	金額（億円）
経常利益	3
税引前利益	3
法人税等（30%）	0.9
税引後利益	2.1
営業CF=経常利益+減価償却費－税金	3.1
有利子負債/営業CF	12.9年

減価償却費の増加額：1億円
支払利息の増加額：1億円

図表36・3 リースで本社建設をした場合のB/S，返済能力

現金預金 10億円	有利子負債 10億円
売掛債権 10億円	純資産 10億円

	金額（億円）
経常利益	3
税引前利益	3
法人税等（30%）	0.9
税引後利益	2.1
営業CF=経常利益－TAX	2.1
有利子負債/営業CF	4.8年

支払リース料の増加額：2億円

＊実際には，リース会計基準に従って会計処理を行うため，すべてのリース取引がオフバランスになるわけではありません。
また，実際に不動産でリース取引を利用してオフバランスするということはありませんが，ここでは説明の都合上，上記のような事例を掲載しています。

37 なぜ流動化を行うか？

オフバランス取引は流動化を含む概念ですが、両者はほぼ同じ意味で利用されています。流動化とは、何かの対象物を切出して、ファイナンスに利用することです。

まず、流動化・証券化がどのような場合に行われるかを考えてみます。左の図表は、A不動産の部門ごとの保有資産および損益を示しています。A不動産は、不動産賃貸部門は好調のようで収益がプラスですが、他の部門（仲介部門、管理部門）の収益はマイナスで、法人全体としては収益採算が悪化しています。

仮に不動産賃貸部門だけで会社が存在していたとすると、A不動産よりも低い金利で資金調達ができているはずです。不動産賃貸部門のみを独立させて資金調達したほうがいい場合には、保有資産を流動化し、資金調達をすることになります。

流動化が行われる理由はさまざまですが、一般的には、次のような理由が考えられます。

●リスクヘッジの手段

投資対象の価値が下落するリスクや、プロジェクトが失敗するリスクなど、投資家が抱えることになるさまざまなリスクを、流動化によって外部に移転できます。

●低コストでの資金調達

流動化・証券化は対象資産の信用力を用いた資金調達手法なので、会社の信用力よりも対象資産の信用力のほうが高い場合（図表のA不動産のケース）は、低コストでの資金調達が可能となります。

●オフバランス効果

オフバランス取引を行うと、前述のように収益性が劇的によくなります。

❖ A不動産の部門ごと損益

A不動産

（全体）
資産：20億円
利益：0.2億円

不動産賃貸部門	仲介部門	管理部門
資産：10億円	資産：5億円	資産：5億円
利益：1億円	利益：－0.5億円	利益：－0.3億円

不動産賃貸部門 → 保有物件のみで資産調達する方がコストが安くなる可能性あり

仲介部門・管理部門 → 不採算部門のため，資金調達にはマイナスに動く可能性あり

流動化する理由はいくつかあるけど，メリットがある場合に行うんだ。

38 なぜ不動産担保は抵当権なのか？

不動産は、融資の代表的な担保として利用されていま す。借入をするとき、理屈上は預金、売掛金、在庫、不動産などさまざまな担保が存在しますが、売掛金などは常に変動するため、担保設定が困難です。この点、不動産は長期保有が前提なので、担保設定は一度だけで済み、担保に適しています。

不動産の担保設定の方法には、**質権**、**譲渡担保**、**抵当権**がありますが、ほとんどが抵当権を利用します。

違いを明確にするために、それぞれを比較して説明します。

●質　権

質権は、担保とするためには、債権者が占有しなければいけません。すなわち、質権者は自ら不動産を使用するか、誰かに賃貸しなければなりません。担保に設定するすべての不動産を銀行が使用するわけではありませんし、銀行が自ら物件を賃貸して、賃貸物件を管理するのは大変煩雑なので、通常は用いられません。

●譲渡担保

譲渡担保とは、担保とするために権利を譲渡することですが、簡単に言うと、所有権が担保権者に移ります。第三者対抗要件（当事者以外に権利の変動を明らかにすること）を満たすために必要な所有権移転登記に登録免許税がかかるほか、不動産取得税や固定資産税がかかりますが、不動産の処分がすぐにできるというメリットがあります。

●抵当権

抵当権は、不動産を担保としていることを、不動産登記簿謄本の権利部（乙区）に記載することによって、第三者対抗要件を具備します。手続が非常に簡単なので、ほとんどの場合抵当権を使用します。

❖担保権の種類とメリット・デメリット

担保権の種類	メリット	デメリット
質権	占有しているため確実に担保にできる	占有が必要なため手間がかかる
譲渡担保	所有権があるため，処分が簡単にできる	不動産流通税（不動産取得税，登録免許税）が発生する
抵当権	手続が簡単	売却するのに時間がかかる

銀行借入の場合は，抵当権がほとんどだけど，不動産業者が融資する場合は，譲渡担保を使うこともあるよ。

39 抵当権と根抵当権

38で、不動産の担保設定としては、ほとんどが抵当権を用いていると説明しました。
抵当権は、不動産を担保としていることを、不動産登記簿謄本の乙区に記載することによって、第三者対抗要件を具備します。手続は非常に簡単なので、不動産を担保にする際には、ほとんどが抵当権を使用しています。
この抵当権には、「**普通抵当権**」と「**根抵当権**」があります。
「普通抵当権」は、特定の債権の担保として用いられる担保設定方式であり、たとえば、『令和XX年X月X日付金銭消費貸借契約に基づく担保』というように、個別債権と紐付けが行われるタイプです。個別の貸付契約に紐付けになった担保権ですので、担保設定の対象となった貸付以外の担保にすることはできません。
「根抵当権」は、運転資金融資を行っている場合や手形融資を行っている場合など、融資取引が日常的に発生するようなケースを想定した担保設定方法で、『金額XX円までの金銭消費貸借契約に基づく担保』というような設定の仕方になります。個別の貸付契約に紐付けになっていない担保権なので、担保設定した際には存在しない貸付金でも回収可能となります。
このように、「根抵当権」であれば、担保不動産と個別貸付金の関係をいちいち気にしなくてもいいのですが、「普通抵当権」の場合は、個別の貸付金と担保不動産の関係を気にしながら融資を行う必要があります。この点からは、「根抵当権」のほうがより楽な担保設定の手段と言えます。

❖抵当権の種類

抵当権の種類	特　徴
普通抵当権	個別債権と紐付けが行われるタイプ 担保設定の対象となった貸付以外の担保にすることはできない
根抵当権	個別債権と紐付けが行われないタイプ 担保設定した際に存在しない貸付金でも担保として有効

普通抵当権は借入金を返済すると担保権が消滅するよ。
根抵当権のほうが貸主（銀行など）にとって便利だけど，借入金を返済しても自動的に消滅しないから，借主は借入の必要がなくなったら忘れずに抹消しないといけないんだ。

40 シンジケートローン

大規模開発などにおける資金を調達しようとすると、金額が大きすぎて1つの銀行だけでは対応できないケースがあります。このような場合、他の金融機関を招集して融資を行うケースがあります。このような融資スタイルを**「シンジケートローン」**といいます。シンジケートローンは、契約上譲渡が可能になっていますので、通常の貸付契約と比較すると、資金化を容易に行うことができるのも特徴です。

「シンジケートローン」は日本語で「協調融資」と訳される場合が多く見られますが、具体的には複数の金融機関が1つのグループ（シンジケート団）となって単一の契約書のもとに借入人に対して行う貸付のことをいいます。シンジケートローンは、欧米の金融スタイルからきているものですので、従来の日本の貸付にはない言葉や概念が含まれます。

まず、シンジケートローンには、アレンジャーやエージェントという役割があります。**アレンジャー**はシンジケートローンを組成（アレンジ）する銀行で、**エージェント**は事務管理を行う銀行です。

シンジケートローンで融資を行うメリットについては、貸付人、借入人それぞれにとって左の図表のように整理できます。

❖シンジケートローンを利用するメリット

当事者	メリット
貸付人 （アレンジャー， エージェント）	・複数の金融機関と協調融資を行うことができるため，リスクを分散できる ・貸付契約が売却を前提にしており，貸付金の売却が通常の金銭消費貸借契約と比較すると簡単に行うことができる ・案件組成手数料を得ることができる
貸付人 （参加銀行）	・あらかじめ条件が固まっているので，経済条件が良ければ，参加表明するだけで融資することができる ・貸付契約が売却を前提にしており，貸付金の売却が通常の金銭消費貸借契約と比較すると簡単に行うことができる ・面倒な事務手続や担保管理等をエージェントに任せることができる
借入人	・金額が大きくても融資条件をアレンジャーのみと交渉することで，資金調達を行うことができる ・弁済等もエージェント口座に対して行えばよいため，複数の金融機関に個別対応する必要がない

シンジケートローンは，金額が大きい場合に利用される融資スタイルだ。
貸付金（債権）を譲渡することができるから，銀行にとっても気軽に参加できる融資スタイルといえるね。

コラム

CMBS，RMBS

不動産ファイナンスにどの立場から関わるかによりますが，商業不動産担保ローンや住宅ローンを証券化して，売却や資金調達を行う場合があります。商業用不動産担保ローンを裏付けとして発行される証券化がCMBS（商業不動産担保証券，Commercial Mortgage Backed Securities），住宅ローンを裏付けとして発行される証券化をRMBS（住宅ローン担保証券，Residential Mortgage Backed Securities）といいます。

不動産担保ローンは，無担保ローンに比べるとデフォルト時の回収率が高く，投資対象としては向いています。銀行や貸金業者であれば直接融資を行うことができますが，継続して融資を行う場合には銀行業や貸金業の許認可が必要なため，実際に保有しようとしてもハードルが高いのです。

投資家サイドは，直接融資を行うことなく，ローン担保証券を保有することができるため，手軽に投資できるというメリットがあります。多数の不動産担保ローンを裏付けとしているため，リスク分散効果があり，また，優先劣後構造を活用することによって，デフォルト率の低い債券（シニア）を作り出せるため，低リスクのリターンを確保したい生保，損保などの機関投資家にニーズがあります。

オリジネーター（銀行など）からすると，融資残高を圧縮してリスクヘッジできるとともに，売却後のエージェントフィーなどの固定報酬を得ることが可能です。

不動産マーケットの状況によって変化しますが，発行される金額が大きいため，多額の資金運用が必要な機関投資家にはニーズがある商品と言えます。

第 5 章

不動産投資における投資スキームとエクイティ

不動産ファイナンスにおける実質的な所有者は，エクイティ出資者です。不動産ファイナンスにおいては，エクイティ出資者が利回りを最大化させるために，さまざまな投資スキームが選定されます。
ここでは，不動産投資における投資スキームの特徴と，エクイティ出資者への影響について解説をしていきます。

41 二重課税を回避するための導管性確保

エクイティ投資家にとって、不動産投資で**二重課税**が発生するようなスキームに投資するということはありえません。

不動産ファイナンスにおいては、GK-TKスキーム、TMKなどを利用して投資を行うのですが、導管性（投資家が直接保有しているような状態になること）を確保することによって、二重課税を回避します。

たとえば、会社型ヴィークルの合同会社の場合は、図表41・1のように合同会社の段階で課税が行われ、投資家の段階でも課税が行われるという、いわゆる、二重課税の問題が発生します。

これに対して、GK-TKスキームやTMKの場合、ファンドで発生した利益は、配当分配後の利益（課税所得）に対して税金が課されることになるため、ファンドの段階では課税が発生しません。図表41・2のように投資家の段階で1回だけ課税が発生しますので、**構成員課税（パススルー）**を行うことを可能とします。

パススルーできない場合（図表41・1）は、ファンドで100の利益が発生しても、ファンドで30、投資家で21、合計51の税金が発生しています（実効税率を30％とした場合）。これに対して、パススルーできる場合（図表41・2）は、ファンドで税金は発生せず、投資家で30の税金が発生しています。

二重課税とは、文字どおり、2回課税されるという意味ですが、二重課税が回避できなければ、不必要な税金支払いのキャッシュ・アウトが発生することとなり、投資家の利回りに大きく影響するのです。

❖二重課税の回避はスキーム構築における最重要事項!!

図表41・1 会社型ヴィークルの場合

配当70

ファンド

利益：100
税金： 30
分配： 70

投資家

利益： 70
税金： 21
手取： 49

2回課税される＝二重課税

＊実効税率を30％として計算。

図表41・2 組合型ヴィークルの場合

配当100

ファンド

利益：100
税金： 0
分配：100

投資家

利益：100
税金： 30
手取： 70

課税は1回だけ＝二重課税を回避

スキームに出てくる略語は後で説明しているけど，大まかにいうと…

GK：合同会社 **TK**：匿名組合

GK–TKスキーム：GKが投資家とTK契約を締結して不動産を取得するスキーム

TMK：特定目的会社。資産流動化法に基づき設立される法人

ヴィークル：ファイナンスで利用する会社や組合のこと

パススルー：構成員（エクイティ投資家）に課税させるしくみ

42 倒産隔離

特別目的会社（SPC）などを活用した不動産投資スキームにおいて、**「倒産隔離」**という概念があります。倒産隔離とは、不動産物件が所有者（または原所有者）のリスクを受けてしまうことを回避することです。

たとえば、A社が賃貸ビルを保有していたとします。このビルをSPCに対して譲渡した後、SPCはビルを他人に貸出していたとします。倒産隔離ができていない場合は、A社が倒産してしまうと、賃貸ビルは債権者に取り上げられてしまうことになります。これでは、不動産賃貸から発生するキャッシュ・フローを担保にした証券化のスキームが破綻してしまいます。

このようなことがないように、原所有者（資産の譲渡人）の倒産リスクから切り離す（隔離する）ことが重要となります。

なお、倒産隔離ができるような要件を満たす売買を、**「真正譲渡」**と言います。

倒産隔離は、不動産所有者の信用力から不動産物件を切り離すために、行うのですが、そもそも債務者がどのような方法で倒産したかによって担保権の効力が違ってきます。

たとえば、日本の倒産手続は主に、破産法、会社更生法、民事再生法のいずれかで行われることになりますが、倒産手続において事業継続するために営業上必要な資産と認定される場合には、担保権が消滅する可能性があります。一般的な売買であれば特に問題はないのですが、不動産は破産者の財産の中でも金額が比較的大きく、破産者の財産を減少させる行為とみなされたり、債権者間の平等を害する行為とみなされたりすると、その行為自体が否認される場合があります。

このような事態が発生しないために、倒産隔離が必要になるのです。

❖不動産流動化と倒産隔離

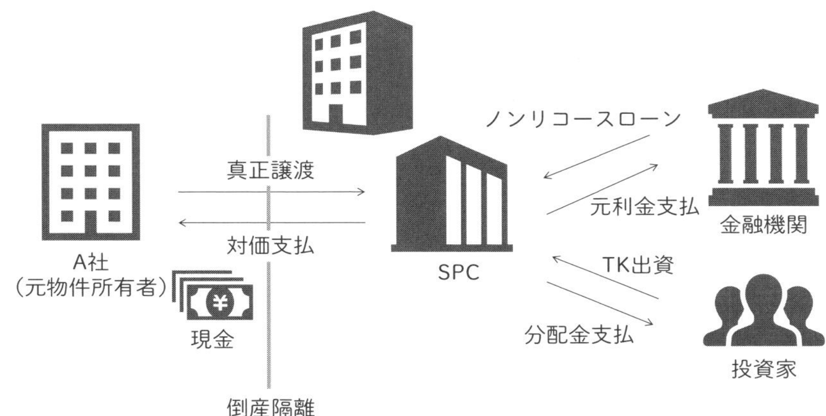

＊ SPC：不動産投資スキームで利用する会社型ヴィークル（GK や TMK など）の総称，Special Purpose Company（特別目的会社）の略

流動化するときに，原所有者の倒産リスクを回避（倒産隔離）できないと，銀行も投資家もお金を出せないよ！

43 不動産と信託

GK-TKスキームなどで使用される信託ですが、「信託」という言葉になじみがない方も多いと思います。

信託とは、委託者が信託行為（信託契約など）によってその信頼できる人（受託者）に対して財産を移転し、受託者は委託者が設定した信託目的に従って、受益者のためにその財産（信託財産）の管理・処分などをする制度です。

不動産に関しては、不動産の所有者（委託者）が不動産（信託財産）を信託銀行等（受託者）に預かってもらう場合が該当します。細かいことを言うと、法的には、所有権は受託者（信託銀行等）に移るため、譲渡のような行為ですが、実際は信託財産を所有者（委託者）の代わりに預かっているだけです。実質的な所有者は変わらないので、導管性は確保されています。信託銀行等（受託者）は不動産（信託財産）を管理しますので、賃貸物件の場合は、信託銀行等が賃料を代わりに受け取って、受益者（不動産の権利者）に分配します。信託契約をイメージ化すると図表43・1のようになります。

不動産ファイナンスにおいて信託を利用する主な理由は税金（不動産流通税）です。不動産売買においては、現物不動産を譲渡する方法が一般的ですが、信託設定している場合は、信託受益権を譲渡すれば同じ効果が得られます。信託受益権を譲渡すると、図表43・2のように委託者と受益者が異なります。

日本の税制上、不動産は移転する際に不動産流通税（登録免許税、不動産取得税）が発生します。信託した不動産には、所有権を信託することで登録免許税（本則は0・4％）がかかりますが、売却しても形式上の所有者は信託銀行等のままで、不動産流通税はほぼかかりません（登録免許税が1筆1，000円のみ）。比較すると、図表43・3のようになります。

❖信託の仕組みと不動産流通税

図表 43・1 信託契約による管理

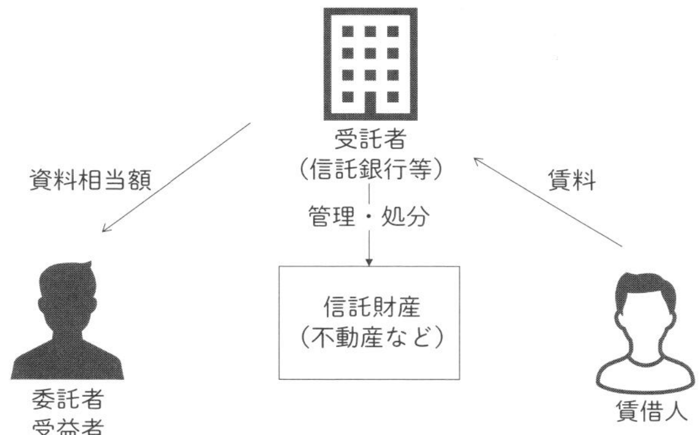

図表 43・2 委託者と受益者が異なるケース

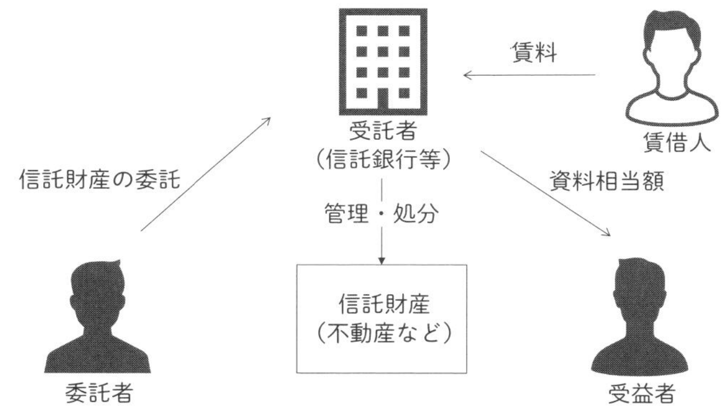

図表 43・3 不動産流通税の比較

	現物売買（土地）	現物売買（建物）	所有権の信託	信託受益権売買
登録免許税	2%	2%	0.4%	一筆 1,000 円
不動産取得税	3%	4%	-	-

＊軽減税率を加味しない場合として記載

44 会社型と組合型の違い

不動産ファイナンスにおいては、導管性を確保し、エクイティ投資家へのパススルー（構成員課税）を実現するために、組合型の投資スキームが採用されるケースが多くあります。

まず、投資スキームにおいて用いられるヴィークル（SPV：特別目的事業体）を会社型と組合型に分けると図表44・1となります。

不動産の流動化の場合は、SPVが物件を所有しなければなりませんが、物件を所有する場合の第三者対抗要件は、登記簿謄本の登記です。不動産登記簿謄本の権利部（甲区）に、所有者として登記しなければなりませんが、不動産の登記は、一般的な組合ではできません。

不動産登記は、自然人（人間：日本人でも外国人でも可）か法人しかできないので、「法人格」のない組合は登記をすることができません。

組合の中には、農業組合、信用組合など法人格を持っているものもありますが、一般的な組合（任意組合、投資事業有限責任組合、匿名組合など）には法人格がなく、不動産の登記をするための要件を満たさないのです。

図表44・2のように、A社（法人）が不動産登記をする際は、法務局で登記が可能です。

ただし、図表44・3のように、組合として登記申請する場合は、組合には「人」としての権利がないので、法務局は登記を認めてくれません。もし、組合で不動産登記をしようとすると、組合員が自然人・法人として共有しなければならなくなります。たとえば、A社とB社が50対50で任意組合を作っていたとします。その場合、不動産の所有権をそれぞれ「2分の1」として、図表44・4のように登記を行うこととなります。

一部の小口マンション投資スキームを除き、組合員全員で不動産登記を行うというのは、現実的でないケースが多いのです。

❖組合は不動産を取得できない

図表44・1 SPV（特別目的事業体）の区分

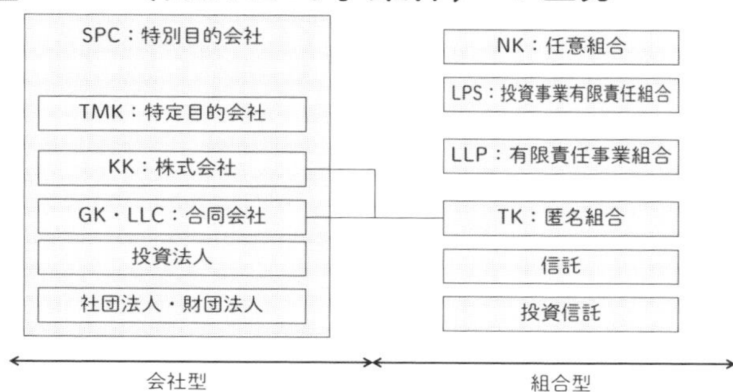

図表44・2 法人の不動産登記

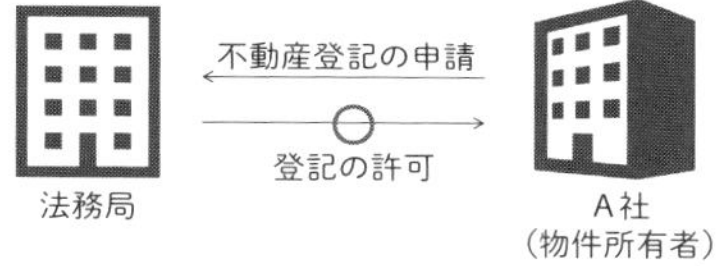

図表44・3 組合での登記申請

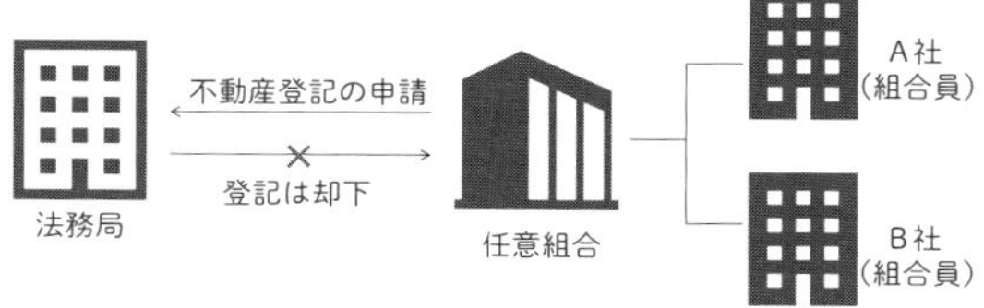

図表44・4 組合員による登記申請

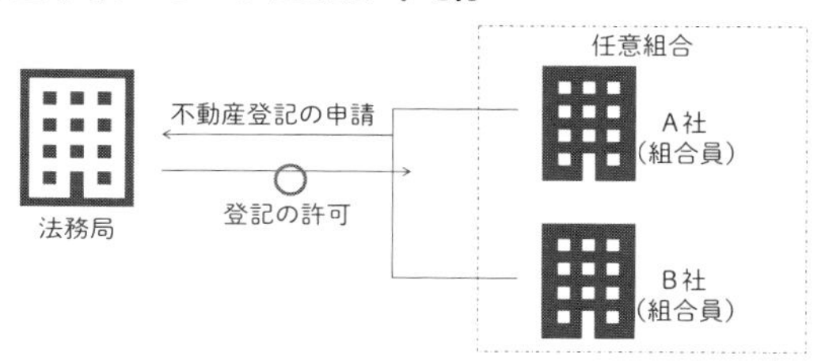

45 不動産投資におけるSPC（特別目的会社）の利用

44で組合の特徴を説明しましたが、パススルー（構成員課税）を活用できることは魅力的なので、組合を使ったスキームは広く用いられています。

最も典型的な不動産投資スキームは、GK-TKスキームで、これも匿名組合契約という組合契約に基づくものです。具体的なスキームについては後述することとし、ここでは、**SPC（特別目的会社）**を利用した組合契約について説明します。

44で、組合自体は自然人や法人ではないため、物件の保有ができないと説明しましたが、組合によるパススルーを実現するために図表45・1のように、物件を保有するためにSPC（合同会社、GK）を利用します（図表45・1）。

図表45・2のように、合同会社X（SPC）と匿名組合員（A社、B社）は匿名組合契約を締結し、SPCに物件を保有させるための物件取得資金を出資します（銀行等からの借入も含む）。

物件取得後は、営業者であるSPCは不動産物件を保有し、物件から発生する純収益を匿名組合員に分配します。

SPCは純収益をほぼすべて匿名組合員に分配していますので、課税所得は発生しません（パススルー）。また、営業者であるSPC（法人）が物件保有することによって、組合で物件保有できない状態を回避します。

このように、二重課税を避けるために組合契約によりパススルーを実現し、自然人または法人という登記要件を、SPCを利用することによって実現しているのが、**GK-TKスキーム**です。

❖組合はSPCを使ってパススルーする！

図表45・1 組合を利用した不動産取得（GK-TKスキーム）

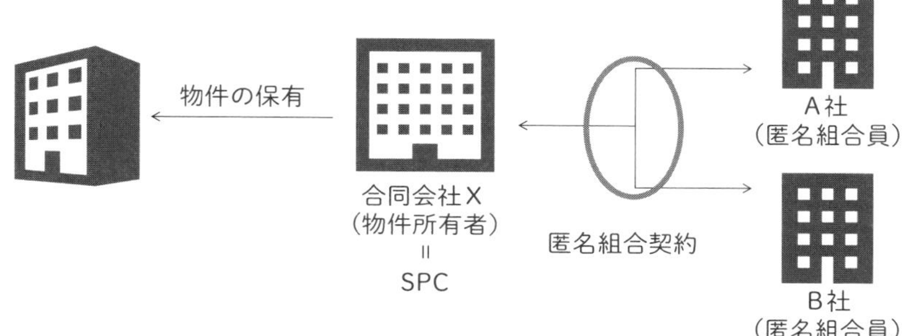

＊実際には，合同会社が直接物件を所有せずに，信託銀行が物件所有者となるケースが一般的です。

図表45・2 匿名組合契約の内容

組合契約の種類	匿名組合契約
営業者	合同会社X
匿名組合員	A社，B社
契約の内容	物件から発生する純収益（賃料－管理費等）を匿名組合員に分配する

組合は不動産を保有できないから，SPCを使ってパススルー（構成員課税）を行うんだ。

46 不動産特定共同事業法

不動産には、他の資産とは異なり、**不動産特定共同事業法**という法律による、投資商品として販売する際の制約があります。

不動産特定共同事業とは、不動産を投資対象として投資家に収益分配を行う事業をいいます。不動産を取得するための会社（特別目的会社：SPC）で現物の不動産を取得し、投資家に収益分配させるスキーム（たとえば、GK-TKスキーム）は、不動産特定共同事業に該当します。通常は、これを回避するために不動産の現物ではなく、信託受益権をSPCで保有します。

不動産特定共同事業法は、不動産関連商品を販売、管理、運営していた不動産業者がバブル崩壊後に倒産し、投資家に被害が多発したことから、投資家保護のために1995年に施行された法律です。有価証券の販売は金融商品取引業者しかできないのと同様に、不動産を投資商品として販売する場合は、不動産特定共同事業者にしか売れません。

不動産特定共同事業を行う事業者は図表46・1のような要件を満たす必要があり、信用力のある会社のみが不動産を投資商品として販売できます。

なお、不動産特定共同事業は不動産の運用収入を投資家に分配する事業なので、純粋な投資用不動産を販売・仲介する事業とは異なります。投資用マンションを販売して、販売した不動産の賃貸管理をしたとしても、不動産特定共同事業には該当しません。

少々紛らわしいのですが、不動産ファンドを組成して、現物不動産を取得し、賃料収入等を投資家に分配するようなケースが一般的に該当すると考えてください。

不動産特定共同事業としての不動産商品の販売は、相続税対策など比較的小口の商品で、取引金額は全体の不動産売買金額と比較すると大きくはありません（図表46・2）。

❖不動産ファンドの仕組みを複雑にする不動産特定共同事業法

図表46・1 不動産特定共同事業者の要件

	要件
1	資本金が1億円以上であること（第一号事業者の場合）
2	純資産が資本金の90%以上であること
3	前事業年度の財産および損益の状況が良好であること
4	不動産特定事業を遂行できる組織を有していること
5	宅地建物取引業免許を受けていること

図表46・2 不動産流動化におけるヴィークルの種類と取得金額

（単位：10億円）

	2013年	2014年	2015年	2016年	2017年
J-REIT	2,237	2,080	2,066	2,319	1,833
不動産特定共同事業	79	134	137	160	202
特定目的会社（TMK）	1,106	1,204	1,112	1,255	1,318
その他（GK-TK等）	971	2,095	2,052	1,096	1,414
計	4,394	5,513	5,368	4,830	4,767

出所：国土交通省「不動産証券化の実態調査」

不動産特定共同事業法は投資家保護のために作られたから，要件が厳しいんだ。

47 ＧＫ‐ＴＫスキームでの不動産投資

不動産に限らずファンドを組成する際に、匿名組合という形態で出資を行う場合があります。一般的に、ＧＫ‐ＴＫスキームと言われるファンド組成の形態です。

匿名組合はＴＫとも言われますが、これはローマ字で書いたときの（Tokumei Kumiai）の頭文字のＴＫから来ています。同じように、合同会社（Goudou Kaisha）のＧＫ、株式会社（Kabushiki Kaisha）のＫＫ、特定目的会社（Tokutei Mokuteki Kaisha）のＴＭＫなどが当て字として使われます。

組合とは、複数の人が契約によって収益分配等についての取決めをする法律行為です。たとえば2人が半分（50％）ずつお金を出し合って、利益を半分（50％）ずつ分配するという場合は、組合契約と言えます。あくまで契約ですので、当事者以外の人には、その契約の存在の有無はわかりません。

一般的に利用されるＧＫ‐ＴＫスキームは、営業者である合同会社（ＧＫ）と匿名組合契約（ＴＫ）を締結し、損益分配に関する取り決めをします。契約は会社（合同会社）で行うため、ＴＫ投資家は取引の主体となりません。なお、細かい話になりますが、このスキームを利用する場合、不動産特定共同事業法との関係で、（原則として）現物の所有をすることができないため、信託経由で不動産を保有することになります（図表参照）。

ＧＫ‐ＴＫスキームは、いろいろなケースで利用されていて、税務当局との見解が相違する場合も生じています。税務上の取扱いは注意してください。

❖ GK-TK スキーム

受益権の保有

匿名組合契約
の締結

不動産の所有

GK-TK スキームは，不動産特定共同事業法に抵触しないように，信託受益権を保有するんだ。

48 TMK（特定目的会社）での不動産投資

TMKとは、特定目的会社をローマ字で書いたとき（Tokutei Mokuteki Kaisha）の頭文字から来ています。

TMKは、「資産の流動化に関する法律」（以下、資産流動化法）に基づき設立される法人です。業務を行うには、資産流動化計画を添付した業務開始届出書を内閣総理大臣宛に所轄の財務局経由にて届け出る必要があります。

TMKは流動化をするために用意されたSPCなので、いくつかの特徴があります。すべてではありませんが、特徴的なものを紹介します。

●パススルー（構成員課税）

組合はパススルーできますが、法人はできません。TMKは法人ですが、例外として一定の要件を満たせば配当金が損金算入できます。損金算入するための要件を「**90％ルール**」といい、発生した利益のほとんどを投資家に分配することが要件となっています。具体的には、図表48・1の計算式（租税特別措置法67条の14第1項2号）によって判断します。

●不動産の現物保有

GK-TKスキームを利用する場合、不動産特定共同事業法との関係で、（原則として）現物を所有せずに、信託経由で不動産を保有します。TMKはこのような規制を受けないため、現物不動産を保有できます（図表48・2）。

●金融商品取引法における措置

金融商品取引法においては、有価証券の発行の際には自己募集であるとされ金融商品取引業の登録が必要です（金融商品取引法2条8項7号）。TMKが発行する優先出資証券・特定社債等は自己募集に該当しないとされるため、金融商品取引業の登録が必要ありません。

❖ TMK はパススルーできる SPC

図表 48・1　90%ルール

$$\frac{\text{配当支払金額}}{\text{配当可能利益}} > 90\%$$

図表 48・2　TMK スキーム

49 投資法人（REIT など）での不動産投資

不動産ファンドとして最も馴染みがあるのが、上場しているJ‐REITです。

REITとは、Real Estate Investment Trust の略称で、直訳すれば、不動産投資信託です。REITは、世界中にありますが、特に日本におけるREITをJ‐REITと言います。

日本における上場不動産投資信託（J‐REIT）は2001年からスタートしています。J‐REITは、「投資信託及び投資法人に関する法律（以下、投資法）」に基づいて組成されるものですが、法律上、投資信託と投資法人の2つがあり、投資信託のタイプを信託型、投資法人のタイプを会社型と表現するケースも見られます。

J‐REITの形態としては、大きく、会社型、信託型（委託者指図型、委託者非指図型）に分けられますが、現在の日本において、東京証券取引所に上場されているものは、すべて会社型です。

J‐REITは投資法人なので、「不動産投資信託」と訳しているのは、少し語弊があるかもしれません。

J‐REITは、投信法に依拠して設立される法人なので、投信法の規制を受けることになります。たとえば、左の図表は、J‐REITの一般的な投資法人概要ですが、関係当事者が相当数登場します。

これは、投資法人（REIT）は投資家から資金調達することは可能ですが、投信法の規制により、資金を投資法人自体で運用することはできないためです。

このため、資産運用については資産運用会社（AM）に業務委託し、物件管理についてはプロパティマネージャー（PM）に業務委託し、投資主の管理は信託銀行に委託します。

また、投資法人は、原則として不動産の現物を保有しませんので、信託銀行が投資対象物件を信託受益権化します。

❖ REIT の仕組み

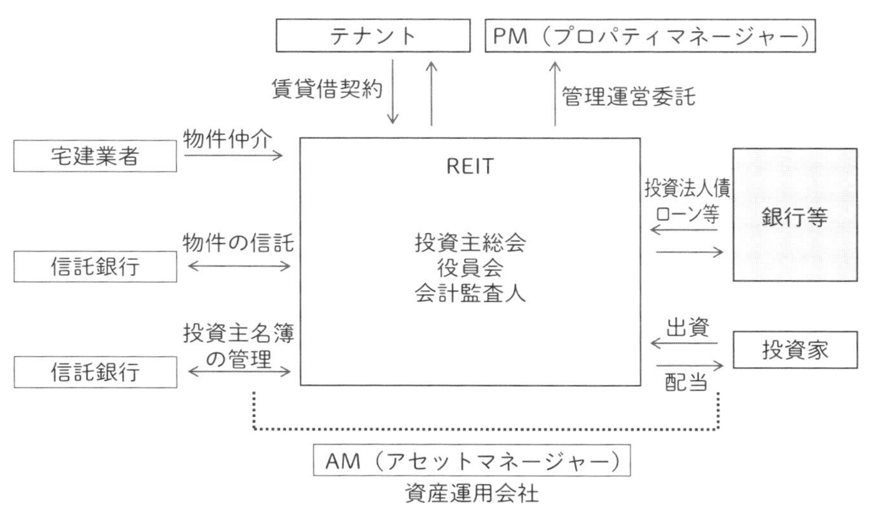

J-REIT は小口投資が可能な分，投資家保護が求められ，規制が多いんだ。

50 任意組合（NK）での不動産投資

44で、「組合で不動産取得はできない」と解説しましたが、実際には取得が行われています。

大規模な不動産案件や広く一般から資金調達するようなスキームで利用されることはありませんが、一部の小口マンション投資に利用されるケースがあります。具体的にどのように不動産投資を行っているかについて、解説していきましょう。

組合の最大のメリットは、パススルー（構成員課税）であると説明しましたが、このメリットを活用するために、GK-TKスキームで不動産投資を行うケースが実務的には多いです。ただし、GK-TKスキームは、前述の通り、SPCの設立・管理、信託契約が必要になったりするので、コストがそれなりにかかります。投資金額が大きければ特に問題ないのですが、少額（たとえば、2～3億円）だとコスト的に採算が合いません。

たとえば、10部屋のマンションがあって、5人で**任意組合**（NK）契約を締結して各2部屋に投資します。この際、組合で物件が保有できないため、所有者の共有（それぞれ2部屋分の所有権登記を行う）で不動産取得の登記を行います（図表50・1）。

その後、マンションの管理組合を所有者（任意組合員）で設立し、一人を理事長に任命します（図表50・2）。日々のマンション管理運営は理事長が行い、他の任意組合員は物件から発生する収益分配を受けます。

何人かでお金を出し合って不動産を購入するのと同じですが、理事長を不動産業者とすることで、他の任意組合員は不動産への純投資と同じ状態にできるという特徴があります。

❖任意組合（NK）による不動産投資スキーム

図表50・1 任意組合（NK）による不動産取得

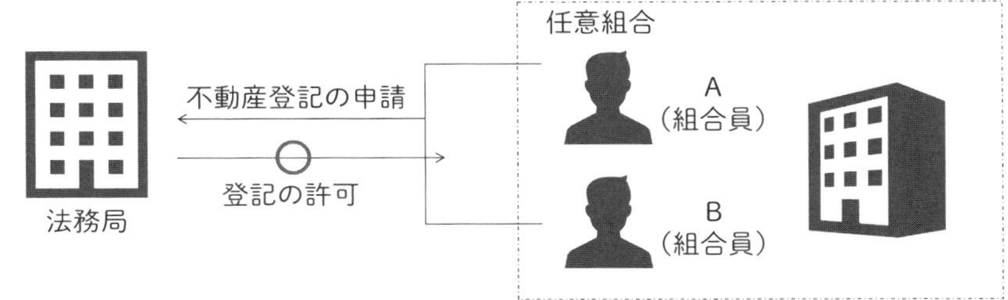

図表50・2 任意組合（NK）による管理組合の設立

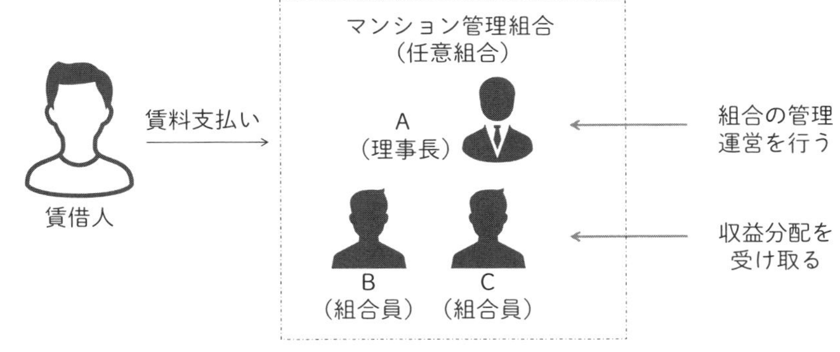

コラム

決済時に信託受益権を持ってきてください！

不動産ファイナンスには，一般には利用しない契約がいくつか存在します。たとえば，信託や組合は，普通に銀行から借入をして不動産を取得する場合には，まず関わることはありません。

信託は，不動産所有者（委託者）が，信託銀行（受託者）と契約することによって，不動産を預かってもらう契約です。不動産から発生する収益は，信託報酬控除後に，投資家（受益者）に分配します。

信託受益権とは，信託銀行（受託者）から収益分配を受け取る信託契約上の権利なので，特に形があるものではありません。誤解のないように説明すると，信託受益権という紙（証書）は存在しません。上場会社に株券がないのと同じです。

組合も，複数の当事者における契約なので，どこかに物理的に組合が存在しているのではありません。有限責任事業組合（LLP）や投資事業有限責任組合（LPS）などの特殊な組合を除き，登記されるわけでもないので，その組合の存在を知っているのは，組合員しかいないという場合も多いのです。

不動産取引の決済時に，不動産の権利証のように，「不動産受益権を持ってきてください！」というのは，恥ずかしいのでやめましょう。

第6章

安定したキャッシュ・フローを確保するために知っておくべき知識

ファイナンス全般において，キャッシュ・フローは重要視されますが，不動産ファイナンスにおいては，元となるものが不動産しかないため，さらに重要性が増します。スキーム運営のためには，レンダーや投資家への支払いのための安定したキャッシュ・フローの確保が必要となります。
ここでは，不動産ファイナンスに関係したキャッシュ・フローについて解説を行います。

51 資金調達しやすい資産，しにくい資産

不動産の資金調達において、最も重視されるのがキャッシュ・フローです。すなわち、資金調達がしやすい資産とは、キャッシュ・フローが予想しやすい資産になります。

このような点から資金調達がしやすい資産としにくい資産を分けると、左の図表のようになります。

いつキャッシュ・フローが発生するかわからない更地よりも、すでにキャッシュ・フローを生んでいる賃貸ビルのほうが資金調達しやすい資産と言えます。

期限前弁済が入りやすい住宅ローンよりも、定期的に入ってくるリース料のほうがキャッシュ・フローを予想しやすい資産です。住宅ローンの借手は、基本的に約定弁済を行っていくのですが、ボーナス時などに期限前弁済をするので、キャッシュ・フローが安定しません。ファイナンスにおいては、お金が返ってこない（延滞）リスクも当然考慮しないといけないのですが、定期的にキャッシュ・フローが発生しないと、安定的な資金運用を選好する投資家のニーズに合わず、資金調達ができません。

同様に、会社に対する貸付金が約定弁済のとおりに返済されている場合、貸付金は資金調達（流動化）しやすい資産となります。逆に、投資対象が不良債権で、弁済が不定期に行われる場合は、調達資金の利払いが困難になる可能性がありますので、資金調達しにくい資産と言えます。

すなわち、キャッシュ・フローが安定している資産を利用して、どれだけ資金調達を行えるかがポイントとなってきます。

❖流動化しやすい資産，しにくい資産

流動化しやすい資産		流動化しにくい資産
賃貸ビル	⇔	更地
リース債権		住宅ローン
貸付金		不良債権

マンションの建設資金を借りるときには，すでに収益稼働しているマンションで資金調達をしたほうが有利なんだ。

52 ファイナンスはB/Sを基準に考える

ファイナンスを理解するうえでは、財務諸表の基本的な理解が必ず必要になります。さらに言うと、ファイナンスは、基本的に貸借対照表（B/S）を基準に考えていきます。

キャッシュ・フロー計算書における間接法がイメージできる人には理解しやすいと思いますが、キャッシュが増えるのは、資産が減少した場合か負債が増加した場合です。

資金調達を貸借対照表（B/S）に着目して考える場合次の2種類しかありません。

① B/Sの右側を増やす ⇒ 借入・増資
② B/Sの左側を減らす ⇒ 売却≒流動化・証券化

図表52・1のように、借入金（負債）を20増やすと、増えた負債と同額の現金預金20が増えます。また、図表52・2のように、不動産（資産）20を売却すると、減った資産と同額の現金預金20が増えます。

時価ベースでB/Sのバランスを考えるとALM（Asset Liability Management）のようなリスク管理が可能です。

非常に単純な概念ですが、ファイナンスではB/Sはバランスを基本に考えていきますので、これが最も重要な概念と言えます。

❖B/Sを基準として，資金調達をイメージしよう！

図表52・1 B/Sの右側を増やす資金調達

借入増加
20

負債調達による現預金の増加

現金預金
20
借入金
20
不動産
100
借入金
70
純資産
30

図表52・2 B/Sの左側を減らす資金調達

不動産
100
借入金
70
純資産
30

資産売却
20

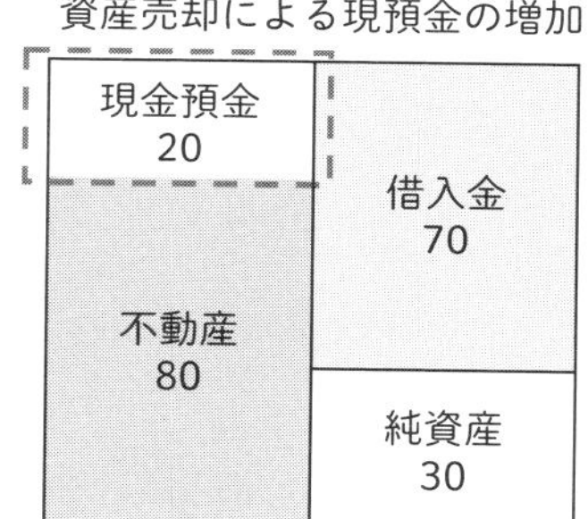

53 運用資産による返済方法の違い

元本の返済方法（約定返済）はいろいろありますが、運用する資産内容に応じて使い分ける必要があります。まず、返済方法は大まかに次のように区分できます。

・フル・アモチ（均等弁済）
・バルーン付アモチ
・ブレット（期限一括弁済）

「フル・アモチ」とは、最終回まで同額を常に返済していくものです。図表53・1のように、均等弁済で満期時まで返済していくタイプをイメージしてください。100の借入金に対して5年間で元本を20ずつ返済していくタイプです。

「バルーン付アモチ」とは、バルーンとは最終回返済額が他の返済日に比べて多くなっているものをいいます。この返済タイプは、融資期間中に全額を返済することを前提としていないため、期日に不動産を売却して返済するかリファイナンスします。

たとえば、図表53・2のように、毎年10ずつ、5年目に60（最終回は10＋残額50）返済し、5年間で全返済します。結果として融資期間は5年間となっていますが、毎年10ずつしか返済が行われませんので、10年間で完済することを前提として融資が組まれているのです。

「ブレット」とは最終回のみにしか元本返済が行われないタイプです。図表53・3のように、最終回の返済までは、残高は貸出額と同額になっていますが、元本の返済を一切行いませんので、設備投資などのように、返済を前提とした借入ではありません。

どのような資産運用を行うかによって、返済方法を検討する必要があります。

❖元本返済の方法は３種類

図表53・1　フル・アモチの残高推移のイメージ

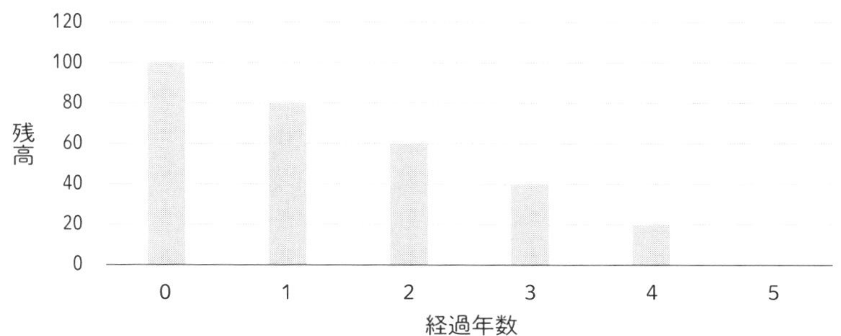

図表53・2　バルーン付アモチの残高推移のイメージ

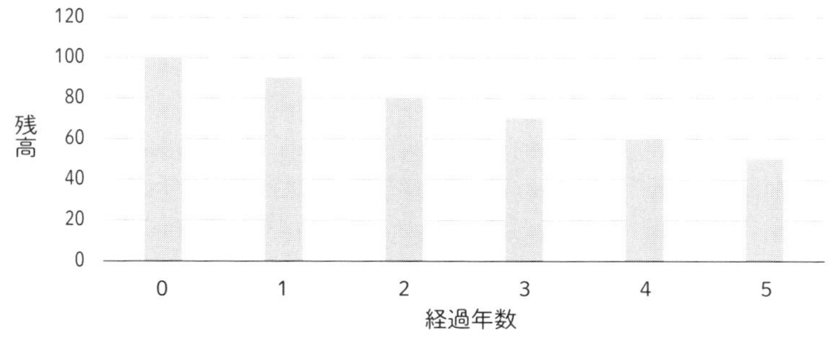

図表53・3　ブレットの残高推移のイメージ

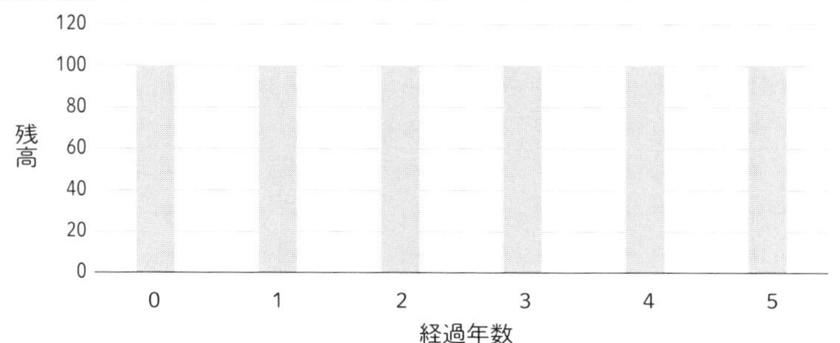

54 金利による返済額の比較

不動産投資において、レバレッジは利回りを上げるための有効な手段です。ただし、投資物件の利回り、金利、LTVとの関係を正確に把握しておかなければ、資金繰りが非常にタイトになります。ここでは、物件利回り、金利による資金繰りの影響を説明します。

まず、図表54・1は、ネット利回り5％の物件を100百万円で購入し、全額（LTV＝100％）を金利3％、30年元利均等返済のローンで資金調達をした場合のキャッシュ・フローです。

ローン返済においては金利支払い以外に元本返済が必要で、さらに純収益（支払い利息控除後）に対して税金も発生します。すなわち、税引後利益から元本を返済しないといけないため、「不動産利回り＞支払利率」となっていても、ローン返済はできません。

図表54・1は物件購入額の全額をローンで賄った場合ですが、キャッシュ・フローは毎年マイナスになっています。

30年間の元利金返済額は、153百万円（借入元本の153％）、毎年の元利金返済額は5・1百万円ですが、物件利回りが5％（年間収益5百万円）なので、税引後利益では返済できません（約32百万円不足）。

次に、他の条件は同じで、金利だけが1％のローンで計算した結果が、図表54・2です。30年間の元利金返済額は、116百万円（借入元本の116％）、毎年の元利金返済額は3・9百万円で、金利3％のケースと比較すると少なくなっていますが、キャッシュ・フローは相変わらずマイナスです（約6百万円不足）。金利が1％でも、LTV＝100％だとローン返済ができないのです。

安定した返済をするためには、あらかじめ返済可能な水準を直感的にイメージできる必要があります。

❖借入金の金利と返済額を把握しよう！

図表54・1 金利3％のローン返済額とキャッシュ・フロー

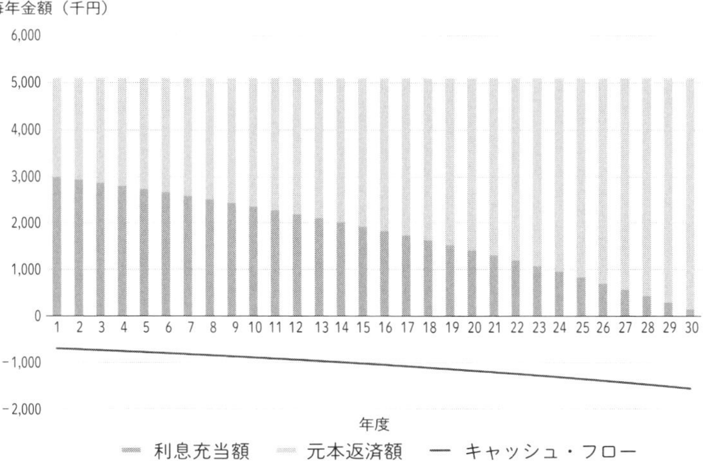

図表54・2 金利1％のローン返済額とキャッシュ・フロー

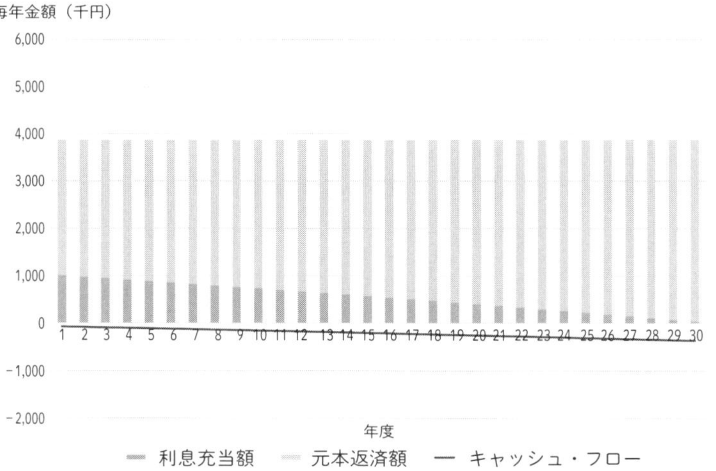

＊上記２表とも税引後利益は，実効税率を30％として計算

55 LTVによる返済額の比較

54で、金利によるローン返済額の違いを説明しましたが、調達金利がいくら低くても、全額ローンで資金調達すること（LTV=100%）にはリスクが伴います。

ここでは、具体的な計算をもとに、LTVの安全水準を説明します。

まず、利回り5%の物件を100百万円で購入し、金利3%、30年の元利均等返済のローンで資金調達するケースを想定します。

この際、LTV=70%で資金調達した結果が図表55・1です。29年目・30年目のキャッシュ・フローはマイナスですが、物件取得において、30%の自己資金を入れているため、30年間のトータルでは9百万円のプラスになりました。元利金返済額は107百万円（借入元本の153%）です。

次に、LTV=50%で資金調達した結果が図表55・2です。物件取得において、50%の自己資金を入れているため、キャッシュ・フローは常にプラスで、30年間のトータルでは36百万円のプラスになりました。元利金返済額は77百万円（借入元本の153%）です。

返済期間が短ければ、さらにキャッシュ・フローは夕イトになりますが、物件利回りとローン金利の差が2%くらいであれば、借入金はLTV=50%までにしておいたほうが安全なのでしょう。

❖ LTV とキャッシュ・フローの関係をイメージしよう！

図表 55・1 LTV=70%のローン返済額とキャッシュ・フロー

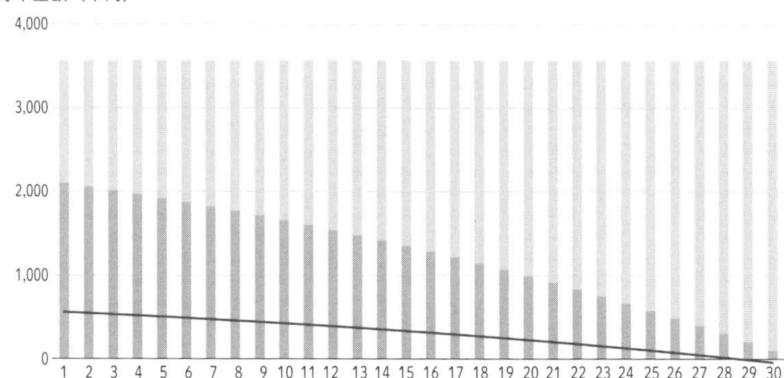

図表 55・2 LTV=50%のローン返済額とキャッシュ・フロー

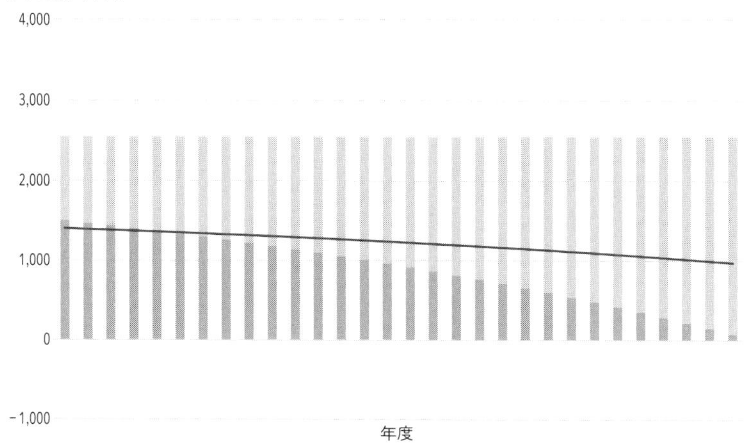

＊上記２表とも税引後利益は，実効税率を 30%として計算

56 返済方法によるリファイナンス・リスク

ローンは、アモチ、ブレットなどの返済方法がありま す。また、金利やＬＴＶによって、ローンの元利金返済後のキャッシュ・フローが大きく影響を受けることを説明しました。

フル・アモチで長期間（たとえば、30年返済）の借入が可能であれば問題ないのですが、通常は、それほど長い期間の借入はできません。バルーン付アモチで返済を行う場合には、**リファイナンス（借換え）**を行う必要がありますが、リファイナンスの可否は、ローン満期時の不動産価値に大きく影響を受けることになります。

まず、金融機関（レンダー）が想定している担保掛目が70%だった場合、ＬＴＶ＝70%まで借入が可能です。

ブレットの場合は説明が不要かもしれませんが、担保掛目でフルに借入した場合、リファイナンス時に物件価値が下がってしまうと、全額のリファイナンスはできません。

次に、バルーン付アモチを見ていきます。借入利率３%のローンを前提に、元利金等返済、元金均等返済について、返済ピッチを30年と20年に設定した場合、残高推移は図表56・1になります。仮に、10年ごとにリファイナンスが必要となるバルーンの場合、リファイナンス時の元本残高は、当初借入額に対して図表56・2のようになります。

30年の元利均等弁済を前提としている場合、10年後の元本残高は当初借入額の76%となっているため、物件価値は借入当初の時価の76%以上なければ、全額のリファイナンスはできません。

金利や返済額との兼ね合いになりますが、リファイナンスを前提とした資金調達を行う場合は、リファイナンス・リスクを常に考慮しておかなければなりません。

❖リファイナンスに必要な物件価値(時価)を把握しておこう!

図表 56・1 返済年数, 返済方法による元本残高の推移

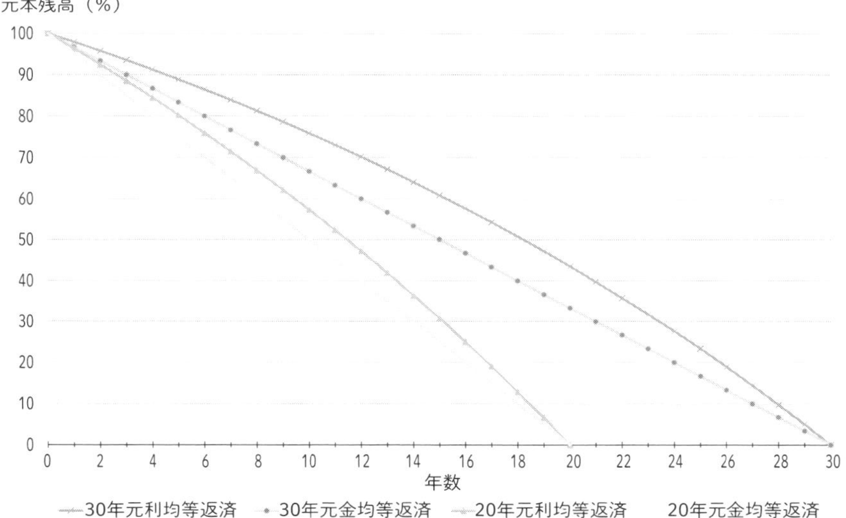

＊当初残高を 100 とした残高推移

図表 56・2 リファイナンス時の残高

返済年数	返済方法	10 年後の残高 （当初残高比）
30 年	元利均等返済	76%
	元金均等返済	67%
20 年	元利均等返済	57%
	元金均等返済	50%

＊借入金利を 3%（固定）とした場合の金額

57 エクイティ出資者の課税関係とキャッシュ・フロー

不動産ファンドに限らず、投資スキームにおいては、エクイティ出資者の課税関係を理解しておくことが重要です。エクイティ出資者は、二重課税などの投資対象とは直接関係のないキャッシュ・アウトを非常に嫌がります。

不動産ファイナンスにおいては、投資家がエクイティとしてTK出資を行うケースがありますが、TK出資にかかる分配金には、支払者（営業者、GK）に源泉徴収義務が課せられています。源泉徴収税額は、おおむね20％ですが、ファンドの分配時期、損益分配額、分配金額によって、TK出資者の課税関係に影響を与えます。

また、TK配当は、営業者（GK）で発生した損益を分配するのですが、CAPEXや元本返済によって利益全額をTK配当として支払いができなかったとしても、TK出資者には営業者の損益がパススルーされます。

左の図表のX1年度のように、SPC（営業者）に100の利益が発生し、CAPEXが100、借入金の元本返済が50発生したとします。この場合、TK出資者には100の課税所得が分配されますが、SPCのキャッシュは50不足しているため、TK配当はできません。TK投資家からすると、キャッシュ・インがないにも関わらず、税金が発生することになってしまいます。X2年にCAPEXがゼロになり、現金配当ができるようになれば少し状況は改善しますが、借入金の元本返済部分に関しての利益分配額は、投資家サイドで税金の支払いが発生してしまいます。

アモチの金額が大きいほどTK投資家の課税負担が大きくなりますが、スキームを組成する際には、出資者の課税関係を正しく理解しておかなければいけません。

❖ TK 出資者への損益分配

項目	X1 年	X2 年	計算式
NOI	100	100	A
TK 収益分配	100	100	B
SPC の利益	0	0	C=A－B
CAPEX	100	0	D
元本返済	50	50	E
SPC の配当前 CF	－50	50	F=A－D－E
TK 配当金	0	50	G=MAX（F,0）
投資家の税金	30	30	H=B×30％
投資家の CF	－30	20	G－H

GK-TK スキームでは，アモチや CAPEX（設備投資）の割合が大きいと，投資家の税金負担が増えるんだ。

58 減価償却費とCAPEX

不動産ファンドへの投資を検討する際には、過去の決算書をベースにすると思います。決算書から不動産のキャッシュ・フローを計算する際には**減価償却費**と、設備投資（**CAPEX**：Capital Expenditure、資本的支出、キャペックス）が極めて重要です。ここでは、減価償却費とCAPEXについて解説します。

●減価償却費

固定資産を購入した場合、その固定資産は数年～数十年間にわたって利用されます。支出したお金が固定資産の購入に利用された場合、一度に費用化してしまうと、数十年にわたる利用に応じた費用化ができません。会計上は減価償却費という概念を採り入れ、使用が長期にわたるような固定資産を、一度に費用化せずに、価値の減少分を毎年少しずつ費用化します。

左の図表のように、キャッシュ・フローを計算する場合、減価償却費をプラスします。これは、現金支出は固定資産の購入時に行われており、実際に現金支出は発生しないからです。減価償却費のような現金を支払わないコストを「非現金支出費用（お金を支払わないコスト）」といいます。

●CAPEX

損益計算書（P/L）から年間の大まかなキャッシュ・フローを把握することはできますが、資本的支出（CAPEX）はP/Lに出てきません。設備投資による支出は、ファンドにとって非常に大きなキャッシュ・アウトですが、今後どれだけのCAPEXが会社にとって必要になるのかを正確に把握しておかなければ、いくら資金があっても足りません。

不動産のCAPEXは金額が大きいため、読み間違えると、一気に資金破綻を起こす原因となります。

❖減価償却費とCAPEXがキャッシュ・フローに与える影響

項目	金額	計算式
営業利益（NOI）	100百万円	A
減価償却費	50百万円	B
CAPEX	20百万円	C
キャッシュ・フロー	130百万円	A+B－C

不動産投資において，減価償却費とCAPEXは金額的な重要性があるため，必ず把握しておく必要があるんだ。
正しくキャッシュ・フローを把握できないと資金ショートしてしまうね。

59 ファンドのキャッシュ・フローはFFOを基準に判断する

J-REITなどの決算書では、不動産の運用収益（賃料収入、不動産売却損益）は営業収益（売上高）として計上されます。不動産を運用しているファンドの決算書なので、保有している物件の賃料収入も、不動産売却によって得られた利益もどちらも本業による収入だからです。

ただ、不動産売却損益は毎期経常的に発生するものではなく、売却時だけ計上されるものであるため、ファンドの収益性を判断する観点からは適していません。ファンドの収益性は、左の計算式で算定されるFFO（Fund From Operation）で判断することが必要です。

FFO＝営業損益＋減価償却費－不動産売却損益

投資金額がトータルでどれくらい儲かったかをIRRで計算する際には、不動産売却損益を考慮した実際の利益ベースで判断すべきですが、投資段階での判断においては、どれくらいの収益性が継続するのかという観点のほうが重要になってきます。不動産売却損益は、常に継続して発生するものではないためです。

図表59・1、図表59・2は、J-REITの日本ビルファンド投資法人の決算書から抜粋した、当期純利益、FFOなどの推移です。2017年12月期は、不動産売買損益が計上されているため、他の期に比べて営業収益、当期純利益が高くなっていることがわかります。

実際には、さらに差が開くケースも多くありますが、ファンド投資においては、継続的に持続可能なFFOで収益性を判断する必要があるのです。

❖ FFOはファンドの継続的なパフォーマンスを表す！

図表59・1 ファンドの決算書とFFOのイメージ

単位：百万円

決算期	2016年12月	2017年6月	2017年12月	2018年6月	2018年12月
営業収益	34,849	36,409	42,125	36,635	37,468
当期純利益	12,520	13,109	14,682	14,010	14,518
不動産売却損益	0	220	1,723	384	0
減価償却費	7,169	7,247	7,190	7,068	7,095
FFO	19,689	20,136	20,149	20,694	21,613
出資口数	1,412,000	1,412,000	1,412,000	1,412,000	1,412,000
1口当たり純利益	8,867	9,284	10,398	9,922	10,282
1口当たりFFO	13,944	14,261	14,270	14,656	15,307

出所：日本ビルファンド投資法人 「有価証券報告書」

図表59・2 1口当たり純利益とFFOの推移

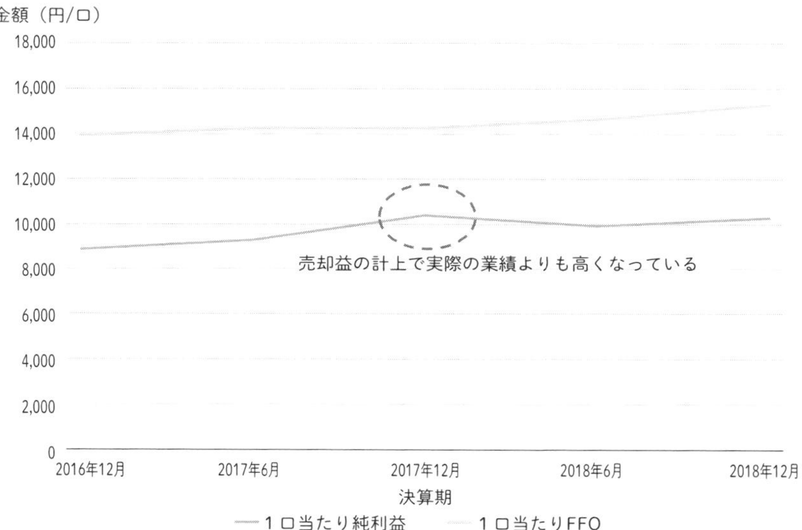

60 コベナンツによるデフォルトを常に意識する

ノンリコースローンで借入を行っている場合には、継続的な銀行のモニタリングが発生し、決算期の度に、コベナンツをクリアしているかどうかをチェックされます。

コベナンツの中でも気を付けないといけないのが、**デット・サービス・カバレッジ・レシオ（DSCR）**です。リファイナンスのリスクを抑えるためには、満期までの間に極力元本返済を行わなければなりませんが、元本返済額を多くすると、元利金返済額が増加することになり、DSCRの数値に影響を与えます。

DSCRの計算式は図表60・1に記載のとおりですが、借入金の元利金返済の安全性を計る指標なので、1・0以上の数値（たとえば、1・2以上）でコベナンツが設定されます。金利3％、元本1、000の期限一括返済（ブレット）の借入金を借りており、図表60・2のような収益状況の場合、DSCRは2・0と計算されます。

同じ収益でバルーン付アモチとして毎期20を元本を返済する場合、図表60・3から、DSCRは1・2と計算されます。

コベナンツとしてDSCRが1・2以上に設定されている場合、図表60・2のケースはコベナンツをクリアできますが、図表60・3のケースは少しの収益のブレで抵触し、**債務不履行（デフォルト）**になる可能性があります。

借入の際には、余裕をもってコベナンツを設定する必要がありますが、安定したスキーム運用のためには、設定したコベナンツに抵触しないよう常に意識する必要があります。

❖デフォルトしないためにコベナンツを正しく理解しよう！

図表 60・1 DSCR の計算式

DSCR ＝ネット・キャッシュ・フロー（NCF）÷ デット・サービス（DS）
NCF ＝賃貸収入－運営費用（減価償却費除く）－CAPEX
DS ＝年間返済元金＋年間返済利息＋手数料

図表 60・2 期限一括返済の DSCR

決算期	第 1 期	第 2 期	第 3 期	第 4 期	第 5 期	計算式
賃料収入	100	100	100	100	100	A
管理費等	50	50	50	50	50	B
純収益	50	50	50	50	50	C=A－B
減価償却費	20	20	20	20	20	D
CAPEX	10	10	10	10	10	E
NCF	60	60	60	60	60	F=C+D－E
支払利息	30	30	30	30	30	G
元本返済	0	0	0	0	0	H
元利金合計（DS）	30	30	30	30	30	I=G+H
DSCR	2.0	2.0	2.0	2.0	2.0	F÷I

図表 60・3 バルーン付アモチの DSCR

決算期	第 1 期	第 2 期	第 3 期	第 4 期	第 5 期	計算式
賃料収入	100	100	100	100	100	A
管理費等	50	50	50	50	50	B
純収益	50	50	50	50	50	C=A－B
減価償却費	20	20	20	20	20	D
CAPEX	10	10	10	10	10	E
NCF	60	60	60	60	60	F=C+D－E
支払利息	30	30	30	30	30	G
元本返済	20	20	20	20	20	H
元利金合計（DS）	50	50	50	50	50	I=G+H
DSCR	1.2	1.2	1.2	1.2	1.2	F÷I

コラム

変動賃料を積極的に採用したいのは誰か？

変動賃料は，ホテル，商業施設など，いくつかのアセットタイプで採用されていると説明しました。テナントからすると，支払う賃料は，売上に連動した変動賃料のほうがありがたいことは間違いありませんが，所有者サイドでも好んで採用するプレイヤーが存在します。

それは，不動産ファンドです。賃貸借契約においては，固定賃料が一般的で，景気が上向いたとしても，契約更新時にしか賃料増加が見込めず，すぐに収益に反映されません。これに対して，変動賃料の場合はすぐに賃料が増加するため，収益性が一気に高まります。

たとえば，物件購入時の純収益（NOI）が10で，利回り（CR）が5％だとすると，不動産価格は200です。その後，景気が良くなり，変動賃料によってNOIが15になると，不動産価値は300に増加します。変動賃料を採用しているだけで，物件価値が50％も増加したのです。

●購入時の不動産価値

$$\text{不動産の価値} = \frac{\text{純収益（NOI）}}{\text{利回り（CR）}} = \frac{10}{5\%} = 200$$

●景気上昇時の不動産価値

$$\text{不動産の価値} = \frac{\text{純収益（NOI）}}{\text{利回り（CR）}} = \frac{15}{5\%} = 300$$

不動産ファンドは，ある程度の期間保有して売却することを前提にしているため，投資後にすぐに収益性が上がり，（CRが下がらなくても）売却価格が高くなったほうが有難いのです。逆に，長期保有を前提とする投資家は変動賃料の物件を購入しにくいと思います。

第 7 章

利回りに影響する要因

不動産は長期保有が前提のアセットであるため，保有期間において発生する事項を可能な限り予想しておく必要があります。
物件全般に生じる経年劣化，大規模修繕も利回りに影響するため理解しておく必要がありますが，マクロ的な事項についても将来の利回りに影響します。
ここでは，不動産運用において生じる可能性のある事項について解説を行います。

61 不動産におけるキャップレート（CR）の意味

収益物件を前提とすると、不動産価格は、純収益（NOIまたはNCF）を投資利回り（CR）で割って計算します（図表61・1）。計算は非常に簡単なのですが、他の資産（株式、債券、為替など）にも投資している投資家からすると、違和感のある計算方法です。なぜなら、純収益をCRで割るというのは、純収益が永久に続くと仮定していることになるからです。

債権評価の代表的な方法にDCF法（Discounted Cash Flow法）がありますが、これは将来発生が予想されるキャッシュ・フローを現在価値に割戻し、評価額とするものです。

債権の場合は、満期があるため、満期までに発生するキャッシュ・フローを使用して、DCF法で評価します。企業価値評価を行う場合は、企業は永久に存続すると仮定して（継続企業の前提、ゴーイングコンサーン）、永久還元で評価を行います。

不動産も、既存の不動産の更新投資や建替えによって、物件が永久に存在し続けると仮定して、評価を行います。たとえば、CF10、利回り5％の不動産を評価する場合、図表61・2のような前提を置いており、発生するキャッシュ・フローの現在価値（DCF）は200（＝10÷5％）となります。

DCFは年数が経過するごとに小さくなっていくため、相当期間経過後は無視できます。ただし、20年目までのDCFとそれ以降のDCF合計額は、図表61・3のように、永久還元の価値（図のTV）は無視できません。

企業も不動産も永久に存在し続けると仮定して評価を行うため、個人的には「本当に？」と思うのですが、実務的にはこれが標準となっていますので、正しいとか正しくないとかの問題ではないようです。

❖不動産は永久に在存し続ける？

図表 61・1 不動産価格の計算式

$$\text{不動産の価値} = \frac{\text{純収益（NOI または NCF）}}{\text{利回り（CR）}}$$

図表 61・2 不動産価値の計算イメージ

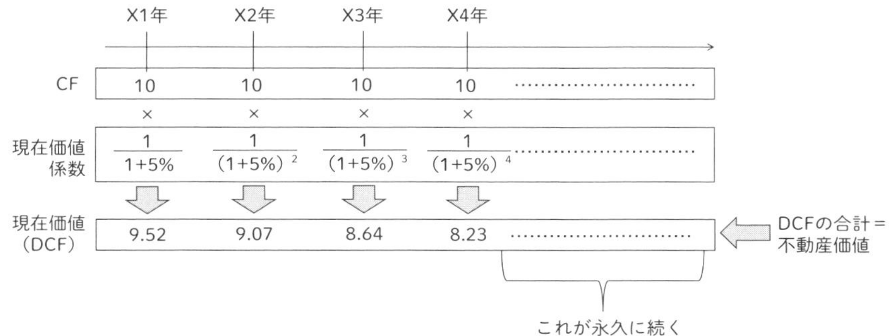

図表 61・3 20 年間の現在価値とそれ以降の現在価値の比較

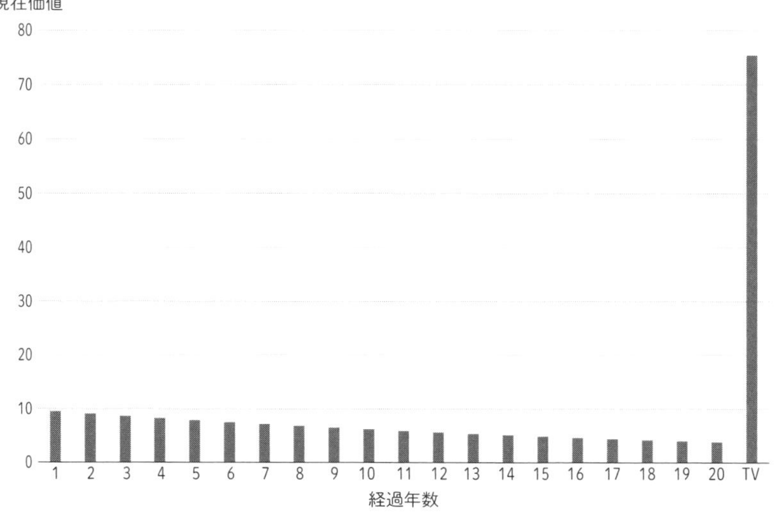

＊ 20 年以降に発生する CF の現在価値は，TV（Terminal Value：継続価値）の箇所に表示

62 不動産の取引コスト

不動産を取得する際には、物件本体以外に、さまざまな費用（付随費用）がかかります。不動産投資の成否は、取得に要した費用も含めてトータルで判断する必要がありますが、ここでは代表的な例をもとに説明します。

代表的な取引コストとしては、仲介手数料と不動産流通税が存在します。

仲介手数料は、宅地建物取引業法において図表62・1のような上限が定められています。仲介業者によっては、上限値よりも低い金額で仲介手数料を計算してくれる場合もありますが、本書の対象のような物件であれば、3％で計算しておけばいいでしょう。

また、不動産を取得する際には、大きく2つの税金がかかります。1つは**登録免許税**（登記申請時の印紙税）で、もう1つは**不動産取得税**という市区町村に徴収される税金です。登録免許税と不動産取得税を合わせて、不動産流通税といい、不動産の取得原価を構成します。税率は図表62・2です。

たとえば、住宅以外の1億円の建物を取得した場合、6百万円（1億円×6％）の税金が取得した時点でかかります。宅建業者の仲介手数料が3％とすると、合計で9百万円（1億円×9％）のキャッシュ・アウトとなりますので、相当高額です。

他には、固定資産税の精算金（期間按分）も取得時に必要になるため、単純計算で購入額に10％くらいのコストがかかることを見込んでおく必要があります。不動産の投資利回りを計算する際には、物件価格だけでなく、取引コスト（付随費用）を含めて計算しておく必要があるのです。

❖不動産は取引コストが高い

図表 62・1 仲介手数料の上限

不動産の価格	報酬額
200 万円以下の物件	不動産価格 ×5%
200 万円超 400 万円以下の物件	不動産価格 ×4% + 2 万円
400 万円超の物件	不動産価格 ×3% +6 万円

＊上記の他に別途消費税がかかります。

図表 62・2 不動産流通税の税率

	土地	建物（住宅）	建物（住宅以外）
登録免許税	2%	2%	2%
不動産取得税	3%	3%	4%

＊軽減税率を加味しないとして記載。

不動産は本体価格以外に，10%くらいコストがかかるんだ。
投資利回りを考えると無視できないコストだね。

63 経年劣化と利回りの関係

不動産は築年数が古くなると、テナントの賃料が低くなり、価格も低くなっていきます。

統計的には、新築時からの賃料低下は年率1％弱、20年経過後は賃料低下率が低くなるとのデータが得られています（図表63・3の＊1、＊2）。

不動産の賃料相場は、賃貸期間において固定されており、また、更新時の景気にも影響されるので、すべての時点で当てはまるわけではありません。ただし、過去実績からは賃料は20年間で約20％下がるという認識を持っておく必要があります。

不動産投資においては、新築の場合は募集賃料、既存（中古）物件の場合は現行賃料のレントロールをもとに、投資利回りを計算します。ただ、不動産の賃料は経年劣化によって低下していく傾向があるため、現行賃料がそのまま継続するというのは間違いです。

新築、築10年、築20年の賃料がどのように変化するかを図表63・1の3つの物件を使って試算してみます。それぞれ、築20年までは年率1％の賃料低下が発生し、築20年経過後は40年まで賃料が継続するとします。築40年経過後は、キャッシュ・フローはゼロと仮定します。

賃料低下を加味した利回りは図表63・2のようになりますが、それぞれの物件の投資期間、投資額に対するキャッシュ・フロー総額、投資利回り（年率）を比較すると図表63・3となります。

築年数が一定期間経過した物件のほうが、投資時の利回りも高く、賃料低下が少ないため、トータルの利回りは高くなります。

また、新築物件は、大規模修繕などを加味するとさらに利回りが低下することになるため、経年劣化を考えると、必ずしも築浅物件のほうが有利とも言えないのです。

❖利回りは年々低下していくことを理解しておこう！

図表 63・1　新築，築 10 年，築 20 年の物件の概要

	新築物件	築 10 年物件	築 20 年物件
投資金額	100	100	100
利回り	5%	7%	10%

図表 63・2　新築，築 10 年，築 20 年の物件利回りの推移

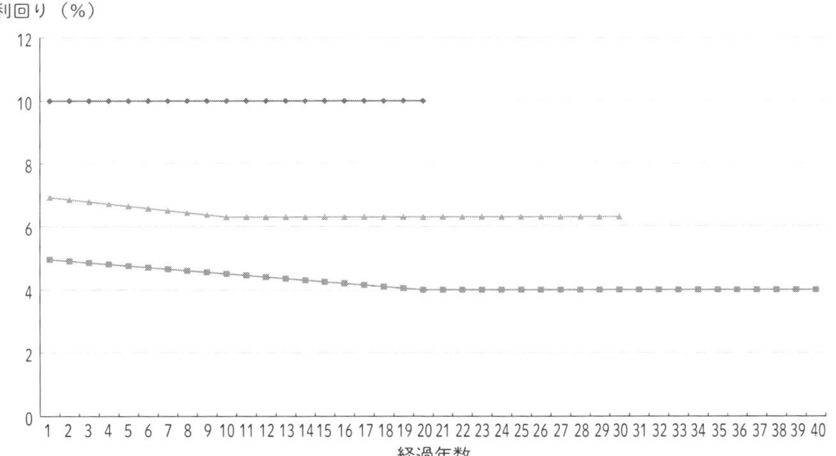

図表 63・3　新築，築 10 年，築 20 年の投資利回りの比較

	新築物件	築 10 年物件	築 20 年物件
投資期間	40 年	30 年	20 年
投資額に対するキャッシュ・フローの割合	169.5%	192.15%	200%
投資利回り（年率）	4.2%	6.4%	10.0%

＊ 1：総務省統計局物価統計室「借家賃料の経年変化について」2018 年 7 月
＊ 2：三井住友トラスト基礎研究所「経年劣化が住宅賃料に与える影響とその理由」2013 年 1 月

64 大規模修繕と投資利回り

不動産は、経年による建物の劣化により修繕が必要となります。毎年定期的に修繕した上で、大規模な改修を実施しなければならないケースがあり、そのような修繕を「大規模修繕」といいます。

大規模修繕には図表64・1のような工事が該当し、内容に応じて10年～30年サイクルで実施する必要があります。建物を維持管理することは重要ですが、見た目でわかるような工事は限られ、大規模修繕を行ったことによって、ビル自体のグレードに影響することはほとんどありません。大規模修繕を実施したからといって、賃料増加を期待することはできません。

不動産は築年数が古くなればなるほど物件価値が安くなります。大規模修繕を加味してどれくらい利回りになるかを計算してみましょう。

面積当たりの大規模修繕は約10,000円/㎡ですが、(A) 投資用マンションを新築で取得した場合（当初利回り：5%、大規模修繕を築20年、40年に実施）、(B) 築30年程度の投資用マンションを取得した場合（当初利回り：10%、大規模修繕を築40年に実施）のキャッシュ・フローを比較したものが図表64・2です。

築50年までのキャッシュ・フローで比較するものとし、賃料の低下は、当初賃料から比較すると年率1%、築20年程度は、賃料の低下は発生しないものとして計算しています。

この結果、(A) 新築物件の総収入は204%、利回りは2・8%、(B) 築30年物件の総収入は195%、利回り7・4%となりました。

不動産は大規模修繕が必要になるため、表面的な利回りだけではなく、大規模修繕を考慮した利回りで投資判断する必要があります。

❖大規模修繕は投資利回りを大幅に悪化させる！

図表 64・1 大規模修繕の内容とサイクル

内容	周期（目安）	外観への影響
防水工事	10 年～ 15 年	－
外壁工事	7 年～ 10 年	有
空調設備工事	15 年	－
幹線設備工事	25 年	－
給水・排水設備工事	15 年	－
ガス設備工事	30 年	－
昇降機設備工事（エレベーター）	30 年	有

図表 64・2 大規模修繕を加味したキャッシュ・フローの推移

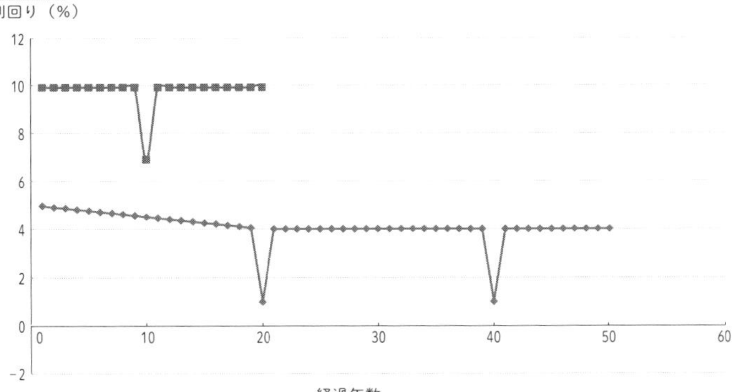

図表 64・3 利回りの比較

	（A）新築投資物件	（B）築 30 年物件
取得価格	100	100
ネット利回り	5%	10%
大規模修繕	築 20 年，40 年で実施	築 40 年で実施
	当初取得額の 3%	当初取得額の 3%
総収入	204	195
利回り（IRR）	2.8%	7.4%

65 固定資産税の費用化

会計処理による特徴的な事象として、固定資産税の費用化のタイミングで利回りが変動するということがあります。ここでは、固定資産税の費用化について解説します。

固定資産税は不動産を保有している場合にかかる税金で、毎年1月1日（賦課期日）現在の土地、家屋および償却資産の所有者に対し、その固定資産の価格をもとに算定される税額をその固定資産の所在する市町村が課税する税金です。

不動産の売買を行う際には、売主が支払った固定資産税を、売主と買主で保有期間に応じて負担します。実務的には売買代金の精算時に、固定資産税を日割り計算して、買主が売主に支払うことになるのですが、会計上は精算金相当分が取得原価（固定資産として計上される）に算入されるため、費用計上はされません。

取得した翌年度以降は、固定資産税は費用として計上されるので、固定資産を取得した初年度の利益は固定資産税分だけ大きくなります。

固定資産税と都市計画税は年間1・7％（東京都の場合）なので利回りに大きな影響を与えます。

さらに、固定資産税は、毎年1月1日の所有者に対して課税されますが、毎年6月末、9月末、12月末、翌年2月末の納付期限（東京都の場合）となり、納付時に費用計上するので、最長で1・5年間固定資産税が費用計上されません。

特にJ-REITや不動産ファンドに投資している投資家は、固定資産税の費用処理のタイミングで計算上の利回りが違ってきますので、どのタイミングで費用化されるかについて、留意が必要になります。

❖固定資産税の課税時点と納税時点

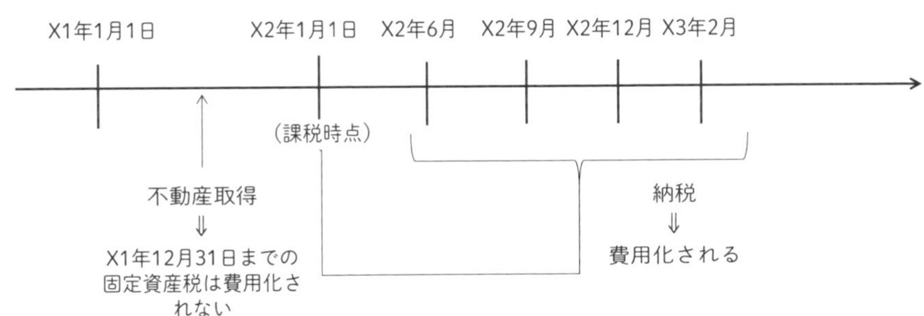

固定資産税は1月1日に物件を保有しているかどうかで支払う人が違うよ。
物件を取得した決算期の利回りは高く見えるから，注意が必要なんだ。

66 リースバックの活用とキャッシュ・フローの安定化

個人でも法人でも、不動産の購入を検討する際に、「買ったほうがいいのか？　借りたほうがいいのか？」を考えるのではないでしょうか。

この問いは、「保有している物件を**リースバック**したほうがいいか？」というのと基本的に同じです。リースバックは、自分で保有・利用している物件を第三者に売却し、売却後も賃料を支払って継続使用するというものです。リースバックは、保有している不動産を売却することになるため、資金調達としては有効な手段です。また、不動産売却後は、物件を賃借して賃料を支払うことになるので、所有派ではなく、賃貸派に変更したわけです。

不動産を購入するには資金が必要になります。物件購入資金を借入金で賄うか、もしくは自己資金で賄うので、借入金利または資本コストが発生します。

不動産物件を30年間、40年間、50年間使用する場合において、借入金で賄った場合の金利（横軸）に対して、対応する物件利回り（賃料）を計算したものが、図表66・1です。

具体的な数値で示したものが図表66・2ですが、30年賃貸想定で借入金利が5％の場合、年間賃料として6・5％支払うのと同じ価値ということを表しています（網掛け部分）。

当然のことながら、使用年数が長い（30年よりも50年の）ほうが利回りは低くなるのですが、借入金利が高くなればなるほど、賃貸の利回りと差が小さくなります。

すなわち、使用を想定する期間が長くないのであれば、賃貸のほうが得です。また、借入金利が高くなるほど、賃貸のほうが得になります。

このような観点から、保有物件を継続保有し続けるかどうかを検討してみてはいかがでしょうか。

❖リースバックは期間と金利で判断しよう！

図表66・1 借入金利率と物件利回りの関係

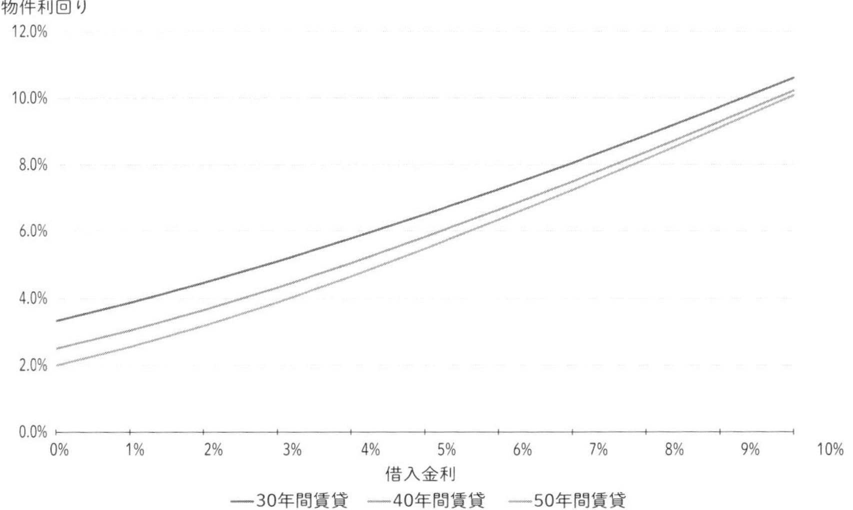

図表66・2 借入金利率と物件利回りの関係（数値）

借入金利率	30年間賃貸	40年間賃貸	50年間賃貸
0%	3.3%	2.5%	2.0%
1%	3.9%	3.0%	2.6%
2%	4.5%	3.7%	3.2%
3%	5.1%	4.3%	3.9%
4%	5.8%	5.1%	4.7%
5%	6.5%	5.8%	5.5%
6%	7.3%	6.6%	6.3%
7%	8.1%	7.5%	7.2%
8%	8.9%	8.4%	8.2%
9%	9.7%	9.3%	9.1%
10%	10.6%	10.2%	10.1%

67 地域による人口分布と不動産

日本の人口は、２０１０年をピークに減少傾向に転じました。日本において人口問題を研究している機関として、国立社会保障・人口問題研究所（以下、ＩＰＳＳ）があります。ＩＰＳＳが２０１７年７月に公表した「日本の将来推計人口」において、今後ますます人口が減少していくことが述べられています。

人口減少は、不動産の売買金額、稼働率にダイレクトに影響を与えます。ここでは、人口予想について検討してみたいと思います。

２０１９年７月時点の日本の人口は約１２６百万人で、過去最大であった２０１０年の約１２８百万人からわずかに減少しています。ＩＰＰＳの公表したレポートでは、図表67・１のように日本の人口は減少していくことが予想されています。

２０１５年と比較すると、25年後（２０４０年）は△13％、50年後（２０６５年）は△31％、１００年後（２１１５年）は△60％となり、今後１００年間で日本の人口は半減することになります。

さらに、人口減少には地域差がかなり出ます。都道府県別の人口予想は図表67・２ですが、２０１５年人口を１００として指数化すると、２０４５年の人口は全国平均83・7、東京都100・7（最大）、沖縄県99・6（第2位）、秋田県58・8（最低）となります。これは、他の都道府県と比較して、沖縄県では若年人口が多く、秋田県は少ないためです。将来の年齢別人口分布は、全国一律ということはなく、地域差も大きく生じます。

不動産の取引額や稼働率についても同様で、不動産を購入する年齢層は全国一律ではなく、稼働率も全国一律ではありません。今後は、局所的な減少が発生していくものと思われます。

❖日本の人口は減っていくが，減り方は地域差がある！

図表67・1 日本の人口予想（出生中位・死亡中位推計）（単位：千人）

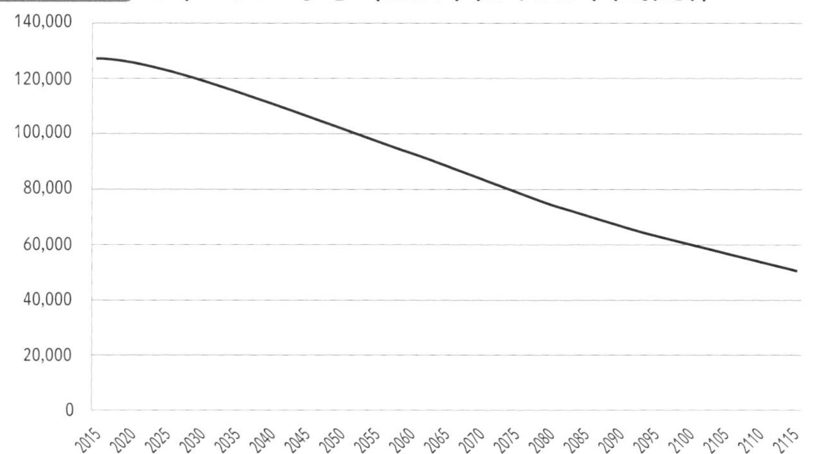

出所：国立社会保障・人口問題研究所「日本の将来推計人口」2017年7月

図表67・2 都道府県別の人口予想（2015年を100として作成）

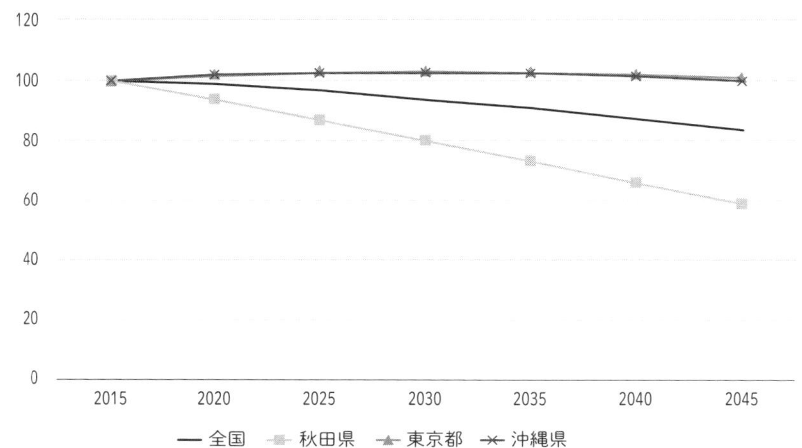

出所：国立社会保障・人口問題研究所「日本の地域別将来推計人口（2018年推計）」2018年12月

68 空き家問題と空室率

人口減少問題とともに、問題視されているものの1つに、空き家問題があります。過疎化が進む地域における住宅の余剰、相続税対策として空き家を放置する（更地にすると相続税評価額が上がるため）など、さまざまな要因があって空き家が増えています。

まず、1968年から2013年までの住宅総数、総世帯数、広義の空き家率（一時現在者のみの住宅、建築中の住宅を含む）について推移を示したものが図表68・1です。住宅総数は、世帯数の増加により増えているものの、空室率も年々上昇しています。

一方、新築住宅の着工数の推移を示したものが図表68・2です。高度成長期以降に急激に増加しており、近年は年間100万件程度が着工されています。出生率の低下により、今後は毎年100万世帯増加するということはなく、人口の減少により、空室率の上昇が懸念されています。

今後の人口予想をもとに、住宅総数が変化しない場合の空き家率を試算したものが図表68・3です。住宅総数が現在と同じ場合、約30年で空き家率が30%を超えることになります。

さらに、2016年度と同じ新築数とした場合（築50年間で建替えを前提）を試算すると図表68・4になります。今後約40年間は空き家率20%未満で推移するのですが、これは、すでに築古物件が相当数あり、これらの取壊しが順調に行われることを前提にしています。当然ながら、築古空き家が放置されれば、図表68・3を超える空き家が発生することになります。

空き家問題からは、築古物件はリノベーションせずに、建替えや更地にするほうが望ましいのです。今後の住宅供給数、リノベーションがどれくらい定着するかによって、物件の稼働率に大きく影響が出ると予想されます。

❖空き家は今後どれくらい増えるのか？

図表 68・1 過去の住宅数，空室率の推移

図表 68・2 過去の住宅着工数（千戸）

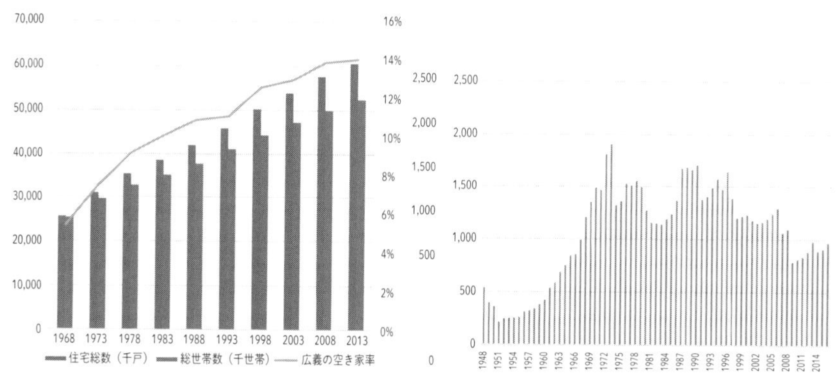

図表 68・3 住宅総数が変化しない場合の空き家率

図表 68・4 2016 年度と同じ新築数の場合（築 50 年以上はすべて建替えを前提）

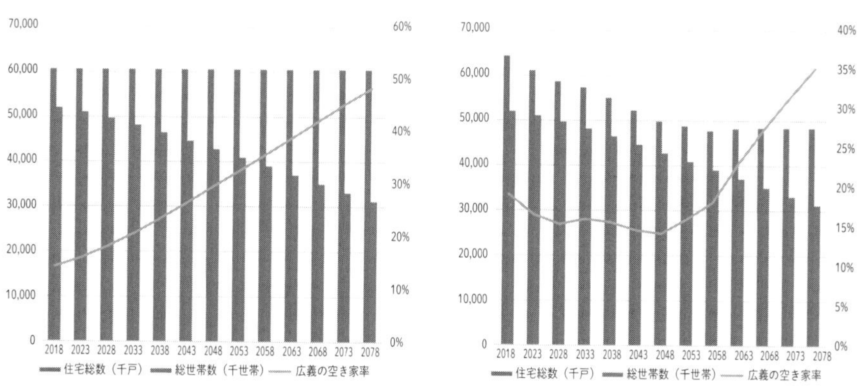

出所：図表 68・1，3，4 について，国土交通省公表資料から筆者が加工して作成
図表 68・2 は国土交通省公表資料

69 国際的な経済力のシフト

かつての日本のGDPは、米国に次いで世界第2位でしたが、2019年現在では中国に抜かれ世界第3位になっています。世界における日本の地位は、今後も低下していくと言われており、今後の世界情勢がどのように変化していくかを理解しておくことも、不動産マーケットの分析には重要です。

GDP予想については、さまざまな研究機関や金融機関などが公表しており、正直、どれが正解かを判断しにくい状況です。ただ、金額の差はあれ、GDPが大幅に上昇する国は似たような傾向を示しており、各国の経済環境を予想する上では非常に有効な情報であると言えます。ここでは、プライスウォーターハウスクーパース（PwC）が公表した2050年の各国のGDP予想をもとに検討をしていきます。まず、市場為替レートに基づくGDP予想（MER）における2014年現在の上位、2050年の上位が左の図表です。

2050年予想では、中国、米国のGDPが突出していますが、インド、インドネシア、メキシコ、ナイジェリアの伸びが大きく、日本は世界第6位になっています（ブラジル：第5位、メキシコ：第7位）。東南アジア、アフリカ、南米が上位に入ってきており、日本や欧米諸国はますます国際的な順位を下げていきます。日本で暮らす日本人としては、東南アジア、アフリカ、南米は発展途上国というイメージが強いのですが、今後は経済環境が激変していくことになりそうです。

不動産価格や取引量は、経済環境に影響されますが、日本は世界的に見るとその地位（影響度）が低下していきます。「外国の不動産に投資したほうがいい！」とは言いませんが、不動産価値が上昇するエリアに投資したほうが儲かるのは間違いありません。

❖主な国別GDP予想

（単位：10億米ドル）

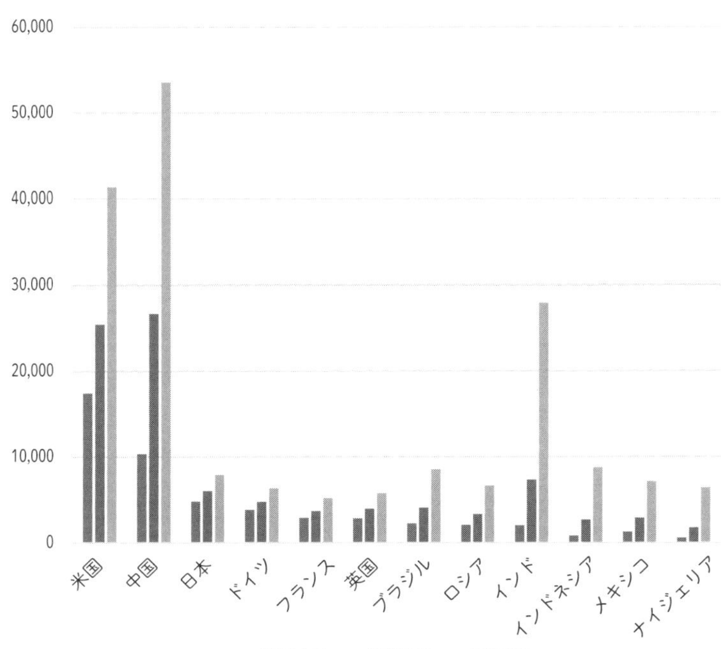

出所：PwC

日本の経済規模は今後影響力がなくなってくるんだ。
不動産の価格にも当然影響してくるよ。

70 老朽化するヒトと社会インフラ

新技術が既存技術よりも優れていれば新技術を採用していくのは当然のことです。日本は高度成長期を経て技術を発展させてインフラを整えてきましたが、世界的にみた場合、日本のインフラはすでに時代遅れになっています。

新興国の経済成長においては、日本のように既存技術を使う必要はなく、新技術を採用できます。最も典型的なものは、携帯電話（スマートフォン）です。図表70・1で例示したように、新興国においても普及率は非常に高く、ほとんどの人が保有しています。

一方、固定電話はほとんど普及していません。すでに携帯電話を保有しているASEAN諸国では固定電話をインフラとして採用する必要性がないのです。

このように、日本では当然のように利用されているインフラが、新興国においても同様に利用されているわけではありません。日本では、古いヒトが従来の考えから抜けだせないため更新されないケースや、既存設備等があるからと利用している古いインフラも多いのです。

たとえば、代替可能なインフラは、図表70・2のようなものがあります。この中から発電について見てみましょう。日本は電気の普及率がほぼ100％ですが、インドネシアなどの多くの島が集合した国家において、すべての家庭（島）への電力供給のために、日本のように海底ケーブルを配備することは、費用対効果で得策ではありません。島の一部や各家庭に太陽光発電パネルを設置し、蓄電池を配備してしまえば、巨額の投資を行って発電所や海底ケーブルを建設する必要がないためです。

不動産売買は外国人投資家も多く、既存物件が外国人投資家の投資対象にならない可能性も出てくるのです。

❖先進国のインフラは老朽化が深刻に

図表70・1 国別の携帯普及率と固定電話普及率

国名	携帯普及率	固定電話普及率
日本	125.1%	50.2%
インドネシア	132.3%	8.8%
ベトナム	130.6%	6.3%
ミャンマー	76.7%	1.0%

出所：総務省「世界情報通信事情（2015年度）」

図表70・2 代替可能性のあるインフラ（例示）

日本のインフラ	代替可能なインフラ
現金・クレジットカード	決済アプリ（QRコードなど）
火力発電・原子力発電	太陽光発電，風力発電
陸上配送	ドローン

インフラは新興国（後進国）の方が新しいものを採用できるから，資金効率がいいんだ。将来的には，ドローン宅配を受け取れない物件は借り手がいなくなるかもしれないね。

コラム

利回りは何を基準に判断するのか？

不動産投資において，最も重要なものが利回りです。物件の立地やグレードによって利回りは異なります。利回り＝ベースレート＋スプレッドですが，ベースレートやスプレッドは，通貨によってもその数値が大きく異なります。

各国が金融緩和で金利引き下げをしている時には，その差はあまり気になりませんが，正常化すると差が大きく開いてきます。

日本の金利は，正常時を含めて，ここ数十年間は，世界で最も低い金利になっています。2000年末，2005年末，2010年末，2015年末，2018年末の日本，米国，英国の10年国債利回りを比較したものが，下の図表です。この比較から，日本の金利水準が，他国に比べて極めて低いことがわかります。

不動産は，スプレッドを加味して利回りを判断しますが，日本は金利が極めて低いので，投資利回りが他国と比べて相対的に低くなります。日本における不動産の投資利回りは，日本国内でのみ通用するものであることを理解しておく必要があります。

10年国債利回りの比較

時点	日本	米国	英国
2000年12月	1.639%	5.112%	4.864%
2005年12月	1.481%	4.395%	4.117%
2010年12月	1.116%	3.288%	3.395%
2015年12月	0.272%	2.269%	1.961%
2018年12月	0.002%	2.686%	1.269%

第 8 章

不動産投資において知っておくべき会計・税務知識

不動産は会計・税務と密接に関係しています。収益性を向上させるための会計知識は必要ですし，投資家への対応として税務知識も必要です。
本章では，不動産特有の会計・税務知識について解説していきます。

71 減損会計を理解しよう

不動産を保有している会社にとっては、**減損会計**は決算に大きなインパクトを与えます。減損会計は2003年から適用されていますが、たまに誤解している人もいるので、簡単に説明します。

まず、減損会計はすべての不動産の時価を反映するわけではなく、一定の要件に該当する場合のみ反映します。また、時価が帳簿価額よりも高い場合でも、評価益が計上されるということはありません。

すなわち、利益計上は認めず、一定の要件に該当し、明らかに時価が下がってしまった場合に、時価を反映させるという制度ですので、少々独特な考え方なのです。

前提として、減損会計は個別の不動産の時価評価を行うのが目的ではなく、ビジネスに不動産を有効活用できているかという観点で判断していきます。具体的な判断フローは図表71・1、その内容は図表71・2です。

不動産の時価評価は最終段階で行うので、不動産評価額が直接的に減損に影響を与えるわけではありません。不動産の減損会計は、あくまで企業として考えた場合、不動産を保有する必要があるだけの十分な収益が確保できているかを判断していくというのが目的です。

減損会計を意識した不動産戦略では、下記の点が重要となります。

①不採算部門で保有している不動産は、減損のリスクが高い

②収益性の高い部門は、より多くの不動産を保有できる

すなわち、保有不動産を効率的に部門に配分していき、不要な不動産は売却していくことで、減損リスクをコントロールする必要があるのです。

❖減損会計は独特な考え方をする会計基準

図表71・1 減損判定のフロー

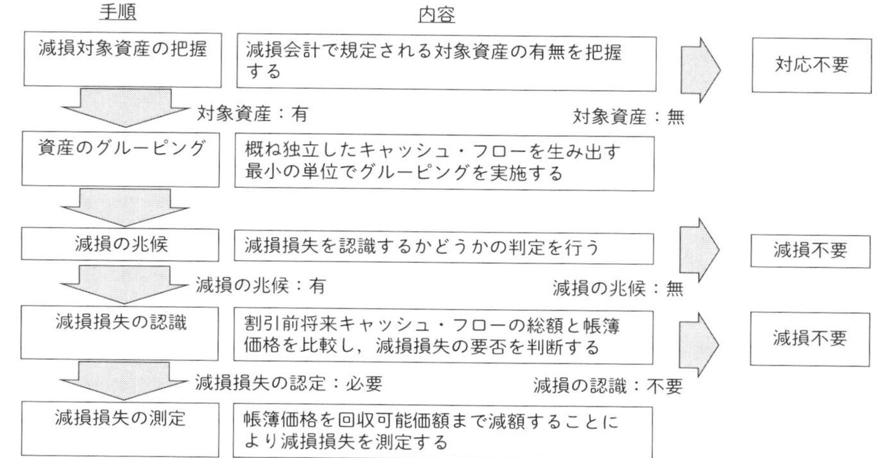

図表71・2 減損判定の内容

項　目	内　容
資産のグルーピング	対象資産は，不動産，リース資産，無形固定資産などで，それを保有している部門等に分類する。 たとえば，半導体製造業の場合，半導体製造に関する土地・建物などを1つの部門に集計（グルーピング）する。
減損の兆候	その部門の収益性を判断して，グルーピングした資産を保有する部門が不採算となっていないかを判断する。
減損損失の認識	グルーピング対象の部門から発生する最長20年のキャッシュ・フローと資産の簿価を比較して，その大小関係から減損が必要かどうかを判断する。
減損損失の測定	実際に，不動産評価を行って，減損損失の金額を計算する。

72 賃貸等不動産会計基準を理解しよう

ここでは、不動産関連の会計基準として特徴的な「賃貸等不動産の時価等の開示に関する会計基準（以下、**賃貸等不動産会計基準**）」について解説します。

まず、この会計基準での賃貸等不動産とは、遊休資産と投資用不動産を意味します。すなわち、本業と関係のない資産です。

日本の会計基準は取得原価主義を採用しているので、不動産に関しては時価評価を行うことはありません。ただし、本業に関係のない資産なので、余剰資産として売却することも可能です。

このような観点から、賃貸等不動産会計基準においては、本業に関係のない売却可能な不動産の時価を開示することにより、不動産運用が適切に行われているかを投資家に報告します。

会計基準の扱いは、あくまで参考情報としての注記なので、減損処理のように財務諸表に直接影響を与えるものではありません。賃貸等不動産に該当するかどうかは、具体的には左の図表のフローに従って判断します。

自分で利用していない不動産は、基本的には賃貸等不動産に該当します。この基準ができる以前は、資金に余裕があるときに地方の土地を購入しておき、たとえば、購入してから10年後に工場などを建設するといった運用をしていた企業も多かったと思います。賃貸等不動産会計基準を前提とすると、使用が見込まれない場合、賃貸等不動産に該当し、時価を開示する必要が生じます。以前のように気楽に不動産を購入できなくなったのです。

また、保有している賃貸等不動産の時価が外部に公表されるため、含み益を抱えている会社をより正確に把握することができます。買収のターゲットを探している場合、非常に都合のよい情報と言えるでしょう。

❖賃貸等不動産の時価開示のフロー

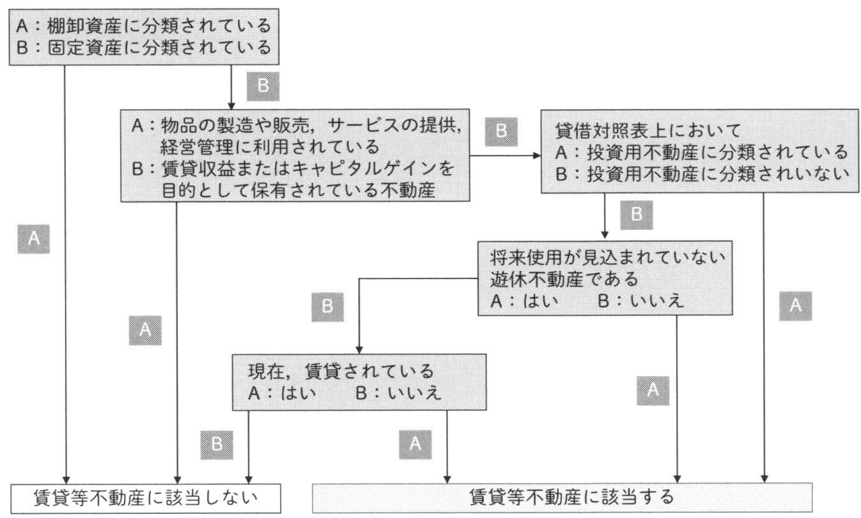

含み益を開示すれば，当然，買収対象として見られてしまうね。
本業に関係のない不動産は持たないほうがいいと考える会社も多いんじゃないかな。

73

資産除去債務を理解しよう

ここでは、不動産関連の会計基準として特徴的な「資産除去債務に関する会計基準（以下、**資産除去債務会計基準**）」について解説します。

まず、この会計基準の目的は、主に賃借している不動産の撤退コスト（原状回復、処理費用等）を会計上に反映することです。企業が行っている事業によっては、撤退コストが巨額になるケースがありますが、将来のキャッシュ・アウトが大きくなるため、活動を大きく制限させることになってしまいます。

資産除去債務とは、具体的には、原子力発電施設、定期借地権の原状返還義務、賃借建物に係る造作の撤去義務（原状回復義務）、有害物質（ＰＣＢ、アスベスト）の除去義務、産業廃棄物処理場の後処理義務等によって発生するコストです。件数的に最も多いのは、賃借物件に係る原状回復費用と思われます。

これらの義務が将来的に発生する場合には、発生する費用を算定し、事前に計上することが必要となります。

「資産除去債務会計基準」を「減損会計基準」と比較すると、現在の不動産価値の下落は「減損会計基準」の対象となりますが、「資産除去債務会計基準」は、将来発生するコストを対象とするという違いがあります。

また、「賃貸等不動産会計基準」と比較すると、賃貸等不動産は、主に貸している不動産に関する開示でしたが、資産除去債務会計基準は主に借りている不動産に関する開示という違いがあります。

減損会計基準、賃貸等不動産会計基準との比較を示すと、左の図表のとおりです。

❖減損会計，賃貸等不動産，資産除去債務の比較

会計基準	減損会計	賃貸等不動産	資産除去債務
主な対象	所有不動産	貸している不動産	借りている不動産
開示対象	所有不動産の価値の下落	賃貸等不動産の時価	原状回復費用
開示方法	P/L に損失計上	注記のみ	B/S に負債計上
P/L インパクト	処理時に100%計上	なし	残存期間に応じて計上

資産除去債務は，将来発生する負債を開示するんだ。
会社の撤退コストがいくらになるかを開示して，投資家に将来のキャッシュ・アウトの情報を提供しているよ。

74 不動産の取得原価と付随費用

不動産を取得する際には、物件本体以外にも、仲介手数料、不動産取得税などさまざまな**付随費用**がかかります。これらは、原則として不動産の取得原価を構成するものですが、税法・会計上の規定により、取得原価にしなければならないものと、費用計上できるものに分かれます。ここでは代表的な例をもとに説明します。

まず、不動産を取得する際に発生する主な付随費用としては、左記の図表があります。他にも多くありますが、すべてを列挙するときりがないため、ここでは代表的なもののみを掲載しています。

ここでの費用計上の可否は、主に税法の規定に基づくもので、会計上は原則として取得原価として扱われます。

基本的には、不動産取得と同時に支払が必要となる費用は、税務上費用処理ができません。

仲介手数料は取得の際に払うものなので、説明は不要でしょう。他には、「65固定資産税の費用化」でも説明したとおり、固定資産税は、毎年1月1日時点で保有する所有者に係る税金のため、期中で売買した場合には、基本的には1年分の固定資産税を売手が支払っています。売買時には、買手が残りの期間（取得時から12月31日までの期間）について、日割り等で固定資産税を清算します。この固定資産税の清算金は、不動産の取得に必要な費用とされるため、不動産の取得原価となります。

他には、建物を新しく建設することを目的に、土地とともに取得した建物等の取壊費等は、土地の取得原価とされます。これは、壊すことを目的に建物を買っているため、土地の代金の一部と考えられているのでしょう。

税法は、会計とは少し異なる考え方をするのですが、費用処理可能な対象は広いと思います。

❖不動産取得の際に発生する付随費用の例示

項目	内容	費用計上の可否
仲介手数料	不動産業者などに支払う仲介手数料	×
固定資産税	固定資産税は毎年1月1日時点で保有する所有者に係る税金のため，期中で売買した場合には，売手が支払った固定資産税を，買手が期間按分して取得時に清算する	×
不動産取得税	不動産取得によって都道府県に支払う税金	○
登録免許税	不動産の所有権保存登記等の際に必要となる印紙税	○
登記費用	司法書士の登記費用（報酬）	○
契約費用	契約書に貼った収入印紙	○
取壊費用	建物を新しく建設することを目的に，土地とともに取得した建物等の取壊費等	×
調査費等	建物の建設等のために行った調査，測量，設計，基礎工事等でその建設計画を変更したことにより不要となったものに係る費用の額	○
違約金	いったん締結した固定資産の取得に関する契約を解除して他の固定資産を取得することとした場合に支出する違約金の額	○

会計上は取得原価とされる付随費用でも，税務上は費用計上が認められるケースがあるよ。

75 会社型、組合型の会計・税務上の違い

不動産ファイナンスにおいては、二重課税を避けるためにパススルー（構成員課税）が可能な組合型（ヴィークル）が利用されるケースが多いと説明してきました。

ヴィークルの種類と会計・税務の関係を示したものが左の図表です。会社型スキームにおいても、TMK、投資法人など、パススルーが可能なタイプもありますが、組合型のほうが簡単に利用できるため、件数としては多いと思います。

不動産ファイナンスにおいて利用されるのは、匿名組合（GK-TKスキームとして利用）、特定目的会社（TMK）、投資法人です。任意組合（NK）は、稀に個人投資家向けの投資商品として利用されます。

組合型は、原則として、投資家が不動産を保有しているのと同じように会計処理、税務処理が行われるという特徴があります。会社型の場合は、持分を有価証券等として保有するため、不動産を保有しているという前提で会計処理等は行いません。

信託は、図表には記載していませんが、GK-TKスキームや投資法人で利用されます。組合と同様にパススルーが可能で、受益権者が保有していると同じように会計処理されます。

会社型と組合型は、そもそもの考え方が違うため、会計処理、税務処理の方法に差が生じるのです。

❖ヴィークルの種類と会計・課税関係

タイプ	形態	法人格	構成員課税	投資家の会計処理
組合型	任意組合（NK）	無	有	< 純額法 > B/S：持分相当額を出資金として処理 P/L：収益・費用の純額の持分相当額を損益として処理 < 総額法 > B/S，P/L：持分相当額を同一科目で処理 < 中間法 > B/S：持分相当額を出資金として処理 P/L：持分相当額を同一科目で処理
	匿名組合（TK）	無	有	任意組合と同様
会社型	特定目的会社（TMK）	有	有	有価証券として処理
	投資法人	有	有	有価証券として処理
	合同会社（GK）	有	無	有価証券として処理
	株式会社	有	無	有価証券として処理

76 不動産譲渡所得の計算方法

まず、個人の不動産の譲渡所得は長期（5年以上保有）と短期（5年内の保有）によって税率が変わってきますが、譲渡所得の計算方法自体に違いはありません。大まかに図表76・1で算定します。

取得費は、売却した不動産の簿価に相当するもので、計算方法に特徴があります。区分所有のマンションの1室を例にすると、購入する対象は、マンションの部屋（建物）と敷地の一定割合（土地）です。たとえば、5千万円でマンションの1部屋を購入した場合、土地と建物をそれぞれいくらで取得したかということを決定（按分）する必要があります。取得価格を土地と建物に按分する方法は主に図表76・2に記載した3つがあります。

原則的にAの方法（契約金額）は、その割合がよほど不合理でなければ採用しなければいけませんが、契約書に記載されているため、土地と建物の取得価額の按分には何の問題も発生しません。次に、Cの方法は、不動産を取得した時点の時価を入手する必要があるため、売却時点で入手することが困難なケースも多く、あまり採用するケースが多いとは言えません。

最も多いのはBでしょう。標準建築価格表（図表76・3）は国税庁が公開しているもので、建築年、物件タイプごとの建築単価に建物の面積を掛けて取得時の建物価格を算定します。たとえば、昭和57年に木造の建物100㎡を取得した場合、建築時の価格は、次のとおりです。

101.3千円／㎡×100㎡=10,130千円

中古で取得した場合は減価償却を加味して建物価格を算定します。土地・建物を合わせた価格が3千万円だったとすると、土地の取得価額は1千987万円（3,000万円－1,013万円）と計算します。

不動産の譲渡所得は、納税者が最も有利な価格を採用することができます。計算方法を理解し、最も譲渡所得が低くなる方法を検討する必要があります。

❖個人の不動産譲渡所得は，取得費の計算方法で差が出る！

図表76・1 不動産譲渡所得の計算式

譲渡所得金額＝譲渡価額－（取得費＋譲渡費用）－特別控除

譲渡価格：売却した価格（固定資産税の精算金を含む）
譲渡費用：売却の際の仲介手数料
特別控除：マイホームを売却した場合に3,000万円までの売却益に課税しないケースなど

図表76・2 土地・建物の按分方法

	按分方法	内容
A	契約金額ベース	契約書で土地と建物の金額が明記されている場合，消費税の金額が明記されている場合はその金額を採用する方法
B	標準建築価格表による方法	建物の価格を標準建築価格表から計算し，土地の価格は差額で計算する方法
C	時価按分	固定資産税評価額などの時価を基にして，土地と建物を按分する方法

図表76・3 標準建築価格表（単位：千円／㎡）

構造／建築年	木造・木骨モルタル	鉄骨鉄筋コンクリート	鉄筋コンクリート	鉄骨
昭和45年	28.0	54.3	42.9	26.1
46年	31.2	61.2	47.2	30.3
47年	34.2	61.6	50.2	32.4
48年	45.3	77.6	64.3	42.2
49年	61.8	113.0	90.1	55.7
50年	67.7	126.4	97.4	60.5
51年	70.3	114.6	98.2	62.1
52年	74.1	121.8	102.0	65.3
53年	77.9	122.4	105.9	70.1
54年	82.5	128.9	114.3	75.4
55年	92.5	149.4	129.7	84.1
56年	98.3	161.8	138.7	91.7
57年	101.3	170.9	143.0	93.9
58年	102.2	168.0	143.8	94.3
59年	102.8	161.2	141.7	95.3

構造／建築年	木造・木骨モルタル	鉄骨鉄筋コンクリート	鉄筋コンクリート	鉄骨
昭和60年	104.2	172.2	144.5	96.9
61年	106.2	181.9	149.5	102.6
62年	110.0	191.8	156.6	108.4
63年	116.5	203.6	175.0	117.3
平成元年	123.1	237.3	193.3	128.4
2年	131.7	286.7	222.9	147.4
3年	137.6	329.8	246.8	158.7
4年	143.5	333.7	245.6	162.4
5年	150.9	300.3	227.5	159.2
6年	156.6	262.9	212.8	148.4
7年	158.3	228.8	199.0	143.2
8年	161.0	229.7	198.0	143.6
9年	160.5	223.0	201.0	141.0
10年	158.6	225.6	203.8	138.7
11年	159.3	220.9	197.9	139.4

構造／建築年	木造・木骨モルタル	鉄骨鉄筋コンクリート	鉄筋コンクリート	鉄骨
平成12年	159.0	204.3	182.6	132.3
13年	157.2	186.1	177.8	136.4
14年	153.6	195.2	180.5	135.0
15年	152.7	187.3	179.5	131.4
16年	152.1	190.1	176.1	130.6
17年	151.9	185.7	171.5	132.8
18年	152.9	170.5	178.6	133.7
19年	153.6	182.5	185.8	135.6
20年	156.0	229.1	206.1	158.3
21年	156.6	265.2	219.0	169.5
22年	156.5	226.4	205.9	163.0
23年	156.8	238.4	197.0	158.9
24年	157.6	223.3	193.9	155.6
25年	159.9	256.0	203.8	164.3
26年	163.0	276.2	228.0	176.4

出所：国税庁ウェブサイトより抜粋

77 相続税の計算方法を知っておく

不動産は税金と密接に関わりがあるため、概要だけでも理解しておく必要があります。

２０１５年に**相続税**の改正が行われ、相続税の基礎控除額および相続人１人当たりの控除額の引下げが行われました。すでに改正が行われてしばらくの期間が経過しましたが、従来であれば相続税の支払いがなかった世帯も課税されるケースが発生するようになっています。

相続税の基礎控除は図表77・1です。法定相続人が３人の場合は４、８００万円となります。

また、相続税の適用税率は図表77・2です。改正により各法定相続人の相続財産の取得金額が高くなるほど税率が高くなるように変更されました。簡略化した相続税の計算式は、図表77・3です。

夫が５億円の相続財産を残して死亡し、妻、子供２人が法定相続分（妻50％、子供各25％）を相続した場合の、相続税の合計を計算してみます。

●課税対象額の合計を図表77・1から算定

課税対象額＝5億円－(3,000万円+600万円×3人)＝4億5,200万円

各相続人の課税標準額：

配偶者の課税標準額＝4億5,200万円×50%＝2億2,600万円

子供1の課税標準額＝4億5,200万円×25%＝1億1,300万円

子供2の課税標準額＝4億5,200万円×25%＝1億1,300万円

●各相続人の相続税額を図表77・2の税率、控除額から算定

配偶者の相続税額＝2億2,600万円×45%－2,700万円＝7,470万円

子供1の相続税額＝1億1,300万円×40%－1,700万円＝2,820万円

子供2の相続税額＝1億1,300万円×40%－1,700万円＝2,820万円

合計：1億3,110万円

＊特別控除等は無視して計算

❖相続税を知らないと不動産は売れない！

図表 77・1 遺産に係る基礎控除

基礎控除の額	3,000 万円＋（600 万円 × 法定相続人の数）

図表 77・2 相続税の適用税率および控除額

各法定相続人の取得金額	適用税率	控除額
1,000 万円以下	10%	−
1,000 万円超 3,000 万円以下	15%	50 万円
3,000 万円超 5,000 万円以下	20%	200 万円
5,000 万円超 1 億円以下	30%	700 万円
1 億円超 2 億円以下	40%	1,700 万円
2 億円超 3 億円以下	45%	2,700 万円
3 億円超 6 億円以下	50%	4,200 万円
6 億円超	55%	7,200 万円

図表 77・3 相続税の計算式

課税対象額 ＝ 相続財産の合計金額 − 基礎控除額
各相続人の課税対象額 ＝ 課税対象額のうち相続人の相続分
相続税額 ＝ 各相続人の課税対象額 × 税率 − 控除額

＊上記は簡略化した計算式で，実際には，相続財産から葬儀費用や債務残高などを控除します。

不動産は個人の相続財産の大部分を占めるから
相続税がわかっていないと不動産を販売できないね。

78 相続税評価額の特徴を理解する

77において、相続税の計算方法の概要を説明しましたが、ここでは相続財産の評価方法について説明します。相続財産の評価は、相続税法の財産評価方法である、財産評価基本通達によって計算されます。

現金預金など財産評価が簡易なものを除くと、主な相続財産は不動産か有価証券（株式など）になってくるでしょう。有価証券の評価方法も独特なのですが、本書は不動産ファイナンスの書籍なので、ここでは不動産の相続税評価額について解説します。

まず、不動産は土地＋建物で構成されています。土地の評価方法には路線価方式と倍率方式の2種類がありますが、普通は路線価方式を使用します。倍率方式は路線価が存在しない場合のみ利用されますが、路線価のない土地は価値がほぼありません。

土地の相続税評価額＝相続税路線価×補正率×面積

建物の相続税評価額＝固定資産税評価額

補正率というのは、間口、奥行き、不整形地などに対する補正です。いびつな形の土地は、高く売れないのと同じで、相続税評価額が低くなります。

路線価は国税庁のウェブサイトで公表されており、固定資産税評価額は毎年都道府県から送付されてくるので、所有者であれば誰でも金額が把握できます。

概算値は簡単に計算できるため、相続税がいくらかかるかは、事前に計算しておいたほうがいいでしょう。

❖路線価図の見方

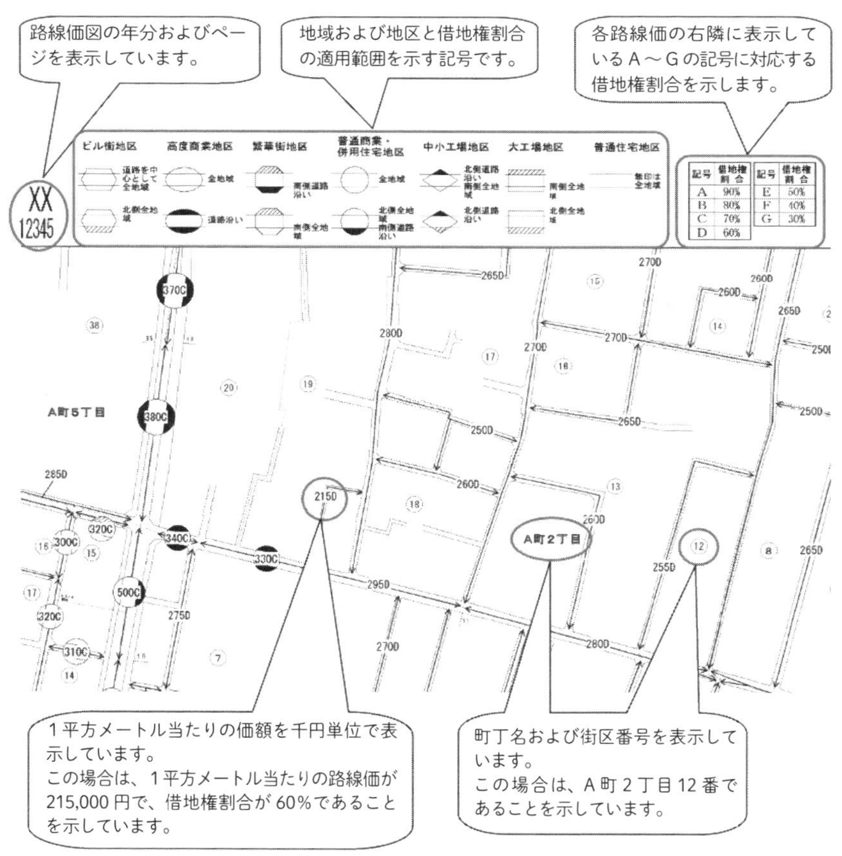

出所：国税庁ウェブサイト「財産評価基準書路線価図・評価倍率表」
http：//www.rosenka.nta.go.jp/docs/ref_prcf.htm

79 相続税対策に不動産をどのように利用しているのか？

78で相続税の計算方法について説明しましたが、相続税は完全な累進課税なので、相続財産が大きければ大きいほど支払う税額が大きくなります。仮に、資産100億円を保有している人がいて法定相続人が1人の場合、何の相続税対策もしないまま死亡すると約55％の相続税の支払いが発生します。

相続税対策としては、古くから不動産が活用されています。以前に話題になったタワーマンション投資などはその典型例です。都市部のタワーマンションの場合、図表79・1のように、低層階は値段が安く、高層階は値段が高くなるという傾向があります。

タワーマンションの不動産市場における売買金額は、高層階になるほど高くなりますが、相続税評価額はあくまで保有している不動産の土地・建物の価格であるため、低層階か高層階かはほとんど考慮されません。すなわち、低層階でも高層階でも面積が同じであれば、同じ相続税評価額となるのです（実際には、階数に応じて、若干の補正が行われます）。

1部屋1億円で取引されているタワーマンションの高層階物件があったとして、この部屋の相続税評価額が1億円かというとそうではなく、一般的には市場価格の50％にも満たない金額になります。図表79・2のように、1部屋の相続税評価額が2千万円だったとすると、市場価格と相続税評価額の差が8千万円になり、相続財産を8千万円引き下げることができます。

このように、不動産の相続税対策としては、市場価格が相続税評価額よりも高い物件を利用して行われます。利用されるのは、主に相続税評価額と市場価格の差が大きい、都市部の不動産です。

❖相続税対策に利用される不動産

図表79・1 タワーマンションの価格

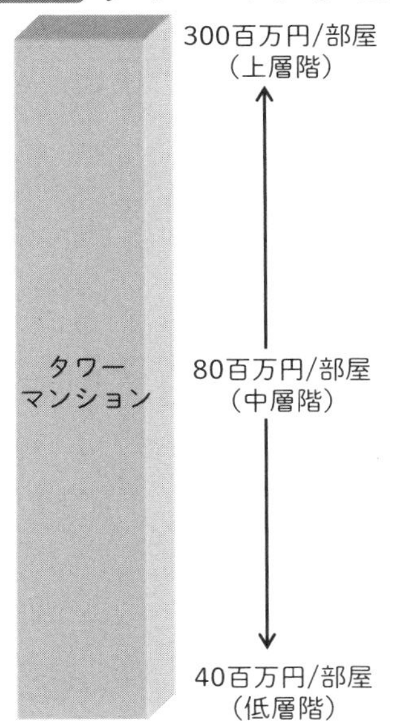

図表79・2 時価と相続税評価額の比較（イメージ）

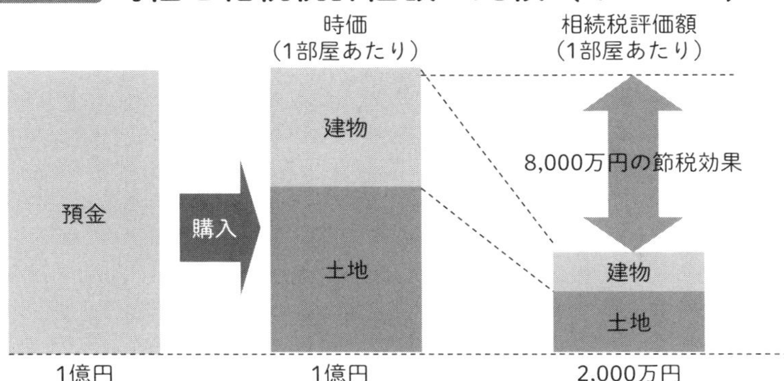

＊税制の変更等により取扱いに変更，補正が生じる可能性があります。

80 非居住者の不動産投資

シンガポールや香港では、**キャピタル・ゲイン課税**は原則として存在しないため、売却益に対して課税は発生しません。日本とアジア先進国を比較すると図表80・1のようになります。

日本における非居住者の不動産に係る税金（源泉税）は、主に図表80・2の2つで、売却益や利益に対して源泉徴収が行われるわけではなく、売却代金や賃料の総額に対して源泉徴収が行われます。たとえば、非居住者が簿価1億円の不動産を1億円で売却した場合、利益は発生しなくても、1千万円の源泉徴収が発生します。不動産は所在地で取引が行われたとみなされるので国内所得として扱われます。

次に、株式譲渡に関しては、原則的に譲渡の当事者の居住する国において課税所得が発生します。キャピタル・ゲイン課税のない国の居住者は、日本における株式譲渡は自国の税制に従って処理できることを知っていますので、できるだけ不動産譲渡ではなく、株式譲渡で済ませようと考えます。

ただし、日本の課税当局は、実質的に不動産譲渡を行ったのと同じような売買を株式譲渡により国外所得とすることを避けるため、**不動産関連法人**（不動産を総資産の50%以上保有）株式の売買、不動産関連法人を保有する外国法人株式の売買に関しては日本国内で売買を行ったとして課税できる規定（法人税法施行令178条1項5号）を設けています。

非居住者の不動産売買に関わる人は年々増えていますが、非居住者が勘違いしている日本の税制も多いと思います。取引の際にはキャピタル・ゲイン課税の有無に留意する必要があります。

❖非居住者の不動産投資で発生する税金

図表 80・1 キャピタル・ゲイン課税に関する比較

日本（法人）	日本（個人）	シンガポール	香港
法人税率による課税	約 20% （株式の場合）	原則，課税なし	原則，課税なし

図表 80・2 非居住者の不動産に係る税金

不動産売却時	売却代金の約 10%が源泉徴収される
賃料受領時	家賃の約 20%が源泉徴収される

図表 80・3 国内所得となる不動産関連法人の譲渡

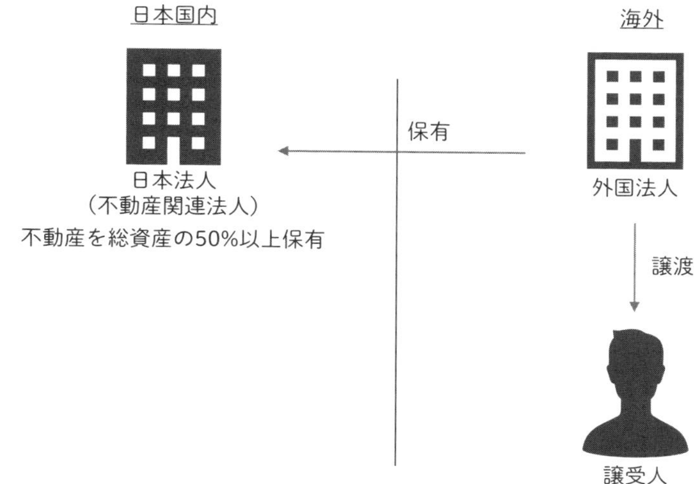

＊上記以外にも，日本の不動産関連法人株式を保有する外国法人（上記の外国法人）の株式を譲渡する場合も対象になります。

コラム

JOL と JOLCO

節税というキーワードでも販売される不動産ですが，節税目的のみで販売されている不動産以外の商品があります。たとえば，レバレッジド・リースなどと言われるものです。ここでは代表的な JOL と JOLCO について説明します。

JOL は，日本型オペレーティングリース（Japanese Operating Lease）と呼ばれる，航空機，船舶，コンテナなどのリースです。そのうち，借手（レッシー）に対して，物件買取オプションを付与したものを JOLCO（Japanese Operating Lease with Call Option）と呼びます。

オペレーティングリースは，ファイナンスリース（実質的に物件取得と同じリース取引）でないもので，貸手（レッサー）が会計上，税務上資産計上します。

この節税スキームは，リース料を定額で受け取り，保有する資産を定率法で減価償却することによって，リース契約開始後数年間に大きく損失計上（たとえば，出資額の 50 ～ 60％）します。

リース期間の後半になると，利益が大きく計上されるのですが，取引開始時における課税所得を繰り延べしたいというニーズに合致し，数十年前から頻繁に利用されています。

不動産は，減価償却が定額法なので，当然ながら，JOL と同じ課税繰延べという使い方はできません。

【オペレーティングリースの損益のイメージ】

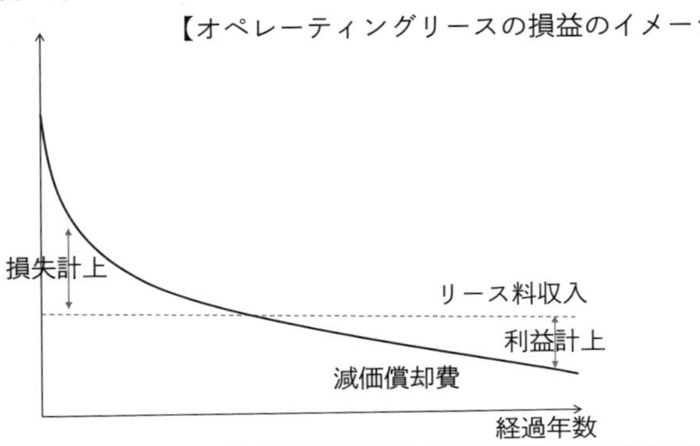

第 9 章

不動産投資から発生するリスクをヘッジする

不動産は通常長期間保有するもので，保有期間においてさまざまなリスクが発生します。完全にリスクを回避するためには，不動産を売却してしまうしかありませんが，業務として不動産運用を行っている場合には，売却することが困難なケースも想定されます。
ここでは，不動産投資から発生するリスクについて，その内容，どのように対処が可能かについて，説明を行います。

81 何をヘッジするか（ヘッジ対象）を理解しよう

不動産価値は、景気循環、金融相場などさまざまな要因から構成されており、常に一定のサイクルで変動を繰り返します。そのサイクルが事前にわかればよいのですが、必ずしもそうはいきません。

たとえば、今後の日本においては、不動産に関連したリスク（**ヘッジ対象**）として次のようなものがあります。

・不動産価格の変動
・金利上昇による支払金利の増加
・流動性の縮小

金利上昇リスクについては、調達コストの上昇、不動産価格の下落が生じますが、金融的な手法でヘッジすることが可能です。流動性リスクについては、郊外型を都市型の不動産にポートフォリオをシフト、流動性を確保するためにＪ－ＲＥＩＴなどの即時売却可能な資産にシフトすることで、ある程度回避は可能です。

左の図表に、不動産のリスクヘッジ手法の例を記載しました。ご覧の通り、そもそも、不動産価値の下落リスクを回避するためには、高値圏にある時点での売却が最も有効です。もし、不動産売却が困難な場合、金利上昇によるマイナスと逆方向に作用するヘッジ手段を使うべきです。

ただし、これらのリスクヘッジの方法は、不動産に関する一部のリスクに対応するものであるため、保有している不動産の金利変動リスクを１００％ヘッジできる手段ではありません。

不動産に内在するどのリスクをメインに考えるかで、リスク管理のアプローチが変わってくるです。

❖不動産のリスクヘッジの例示

方法	内容
物件売却	現時点で不動産価値は十分高いため，不動産価格が下落する前に売却しておく
資産の入れ替え	人口分布が都市部に集中していくことが予想されるため，郊外型の不動産から都市型の不動産へシフトする 買戻しを前提とするのであれば，J-REIT などの流動性の高い資産にシフトする
借入	借入金利が過去最低水準にあるため，今後の金利上昇に備えて低金利で借入を行う 不動産（資産）価値の下落は，借入金（負債）価値の下落でカバーする
金利スワップ	借入金の金利が上昇する前に，低い金利で固定化する 不動産の元本部分はカバーできないものの，物件からの収益はある程度カバーできる
関連銘柄の空売り	上場している不動産賃貸業や REIT は，金利上昇により保有している不動産価値が下落する 純資産の下落により，株価が下落するため，空売りで売却益を確保する

不動産のどういうリスクをヘッジするかによって
方法は変わってくるんだ。

82

不動産の最大のリスクは流動性ということを知っておく

不動産はさまざまな要因によって価格が決定されていますが、リスク管理を行う観点からは、不動産は需要と供給のバランスで売買取引が行われているという点を十分に理解しておくことが必要です。

現物不動産の特徴について、上場株式やJ-REITとの比較で説明しましたが、流動性が著しく劣ります。不動産相場が上昇している時は問題ないのですが、いったんマーケットが悪化しクラッシュすると、連鎖的に流動性の悪化が加速します。

左の図表は、不動産マーケットクラッシュ時における流動性縮小のメカニズムを図示したものです。

不動産マーケットがクラッシュすると、不動産ファンドなどを含めた借手は、物件売却による借入金返済ができなくなり、また、担保価値の下落によってリファイナンスが不能な状態になります（デフォルトの発生）。デフォルトが発生すると、銀行は担保売却を行うわけですが、一気に売却物件がマーケットに放出されるため、供給過剰になって、不動産価格が下がります。

一方、投資家は、不動産価格が下がっている段階では買わず、底を見極めようとするため、需要は縮小し、不動産はますます売れません。

このような負のスパイラルが延々と続き、価格をいくら下げても物件を売却できないという状態が発生するのです。

不動産は、マーケットがクラッシュすると、他の資産とは異なり、損切りしても売れないという状況に陥ります。不動産の最大のリスクは流動性ということを十分に認識しておくべきです。

❖不動産の流動性縮小のメカニズム

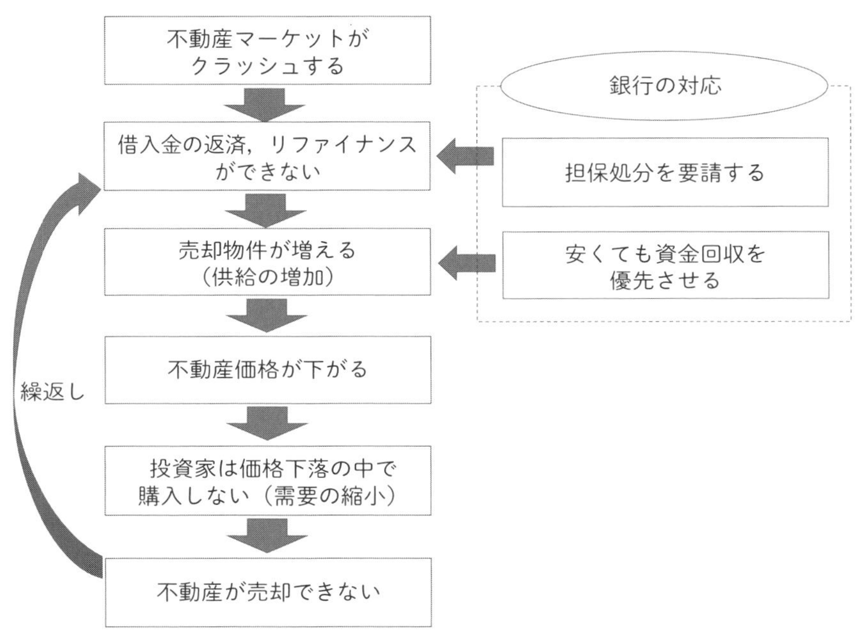

不動産はマーケットがクラッシュすると，価格をどれだけ下げても売れないんだ。

83 ＡＬＭの基本を理解しておこう

ＡＬＭ（Asset Liability Management）は、リスク管理の基本となる概念です。会計上は、資産と負債の差額が純資産と呼ばれますが、純資産の変動を回避することが、ＡＬＭの主な目的です。

資産の価値が減少した場合、負債の価値が変わらなければ、資産減少額だけ純資産が毀損します。ただし、負債価値も同様に減少する場合、純資産の減少を抑えることができます。

図表83・1のように、不動産をＬＴＶ＝70％で保有している場合、当初の純資産は30％でバランスしています。これが、金利上昇など何らかの影響によって、図表83・2のように資産価値（時価評価額）が80に減少した場合、負債価値（時価評価額）が70のままであれば、20の損失が発生し、純資産は10に減少します。

ただし、図表83・3のように、資産価値の下落20を、同様に負債価値の下落20でカバーできるのであれば、純資産は影響を受けず30のままです。

ＡＬＭは会計上の簿価ではなく、時価をもとに判断します。資産価値の変動と負債価値の変動をニュートラルな状態に持っていくことがリスク管理における重要な概念となってきます。

次項以降で具体的な内容について解説を行っていきますが、不動産保有を前提とすると、ＡＬＭの基本を理解しておく必要があります。

❖ ALMによるリスク管理とは

図表83・1 資産・負債のバランス

資産	負債・純資産
不動産 100	借入金 70
	純資産 30

図表83・2 資産の時価評価額の変化

資産	負債・純資産
不動産 100	借入金 70
	純資産 30

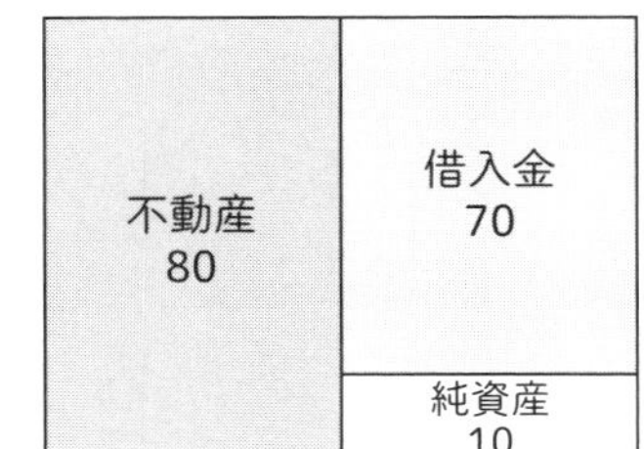

図表83・3 資産・負債の時価評価額の変化

資産	負債・純資産
不動産 100	借入金 70
	純資産 30

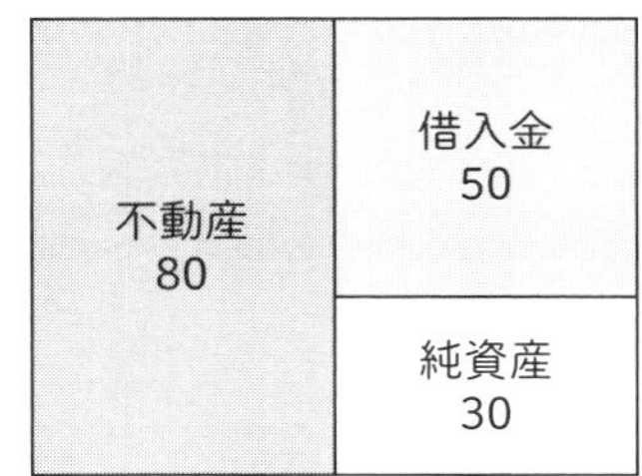

84 金利上昇による借入金の元利金返済額の変動をヘッジする

不動産投資を行う際には、投資利回りを向上させるためにレバレッジを活用します。

2019年8月現在では、借入金利が過去最低水準まで低下していますが、金利上昇リスクをヘッジする方法は、主に図表84・1に記載した2種類です。公正価値ヘッジについては後述しますので、ここでは、**キャッシュ・フロー・ヘッジ**について説明をします。

キャッシュ・フロー・ヘッジは、金利上昇によって発生する支払利息の増加をヘッジすることを目的としています。

図表84・2は、金利1％の30年返済（元利金等返済）のローンについて、金利が2％上昇した場合の元利金（元本＋利息）の総支払額の増加を示しています。元利金支払額は30年間合計すると31％増加しますが、この金利上昇による元利金支払額の増加をヘッジしようというのが、キャッシュ・フロー・ヘッジです。

キャッシュ・フロー・ヘッジの最も代表的な方法は、金利スワップです。金利スワップとは、変動金利と固定金利の交換取引です。基本的な借入は、変動金利がベースですが、変動金利は相場によって変動するので、金利スワップを契約することによって、固定化します。

図表84・3は、金利上昇リスクをヘッジするための金利スワップの概要です。固定金利1％を支払うことによって、今後30年間変動金利を受け取ります。この金利スワップを契約することによって、今後、市場金利が3％に上昇したとしても、固定金利1％の支払いのみで済むため、将来的な利息支払額（キャッシュ・フロー）の増加をヘッジすることができるのです。

❖金利上昇によるキャッシュ･アウトの増加をヘッジしよう！

図表 84・1 金利上昇リスクのヘッジ方法

ヘッジ方法	内容
キャッシュ・フロー・ヘッジ	過去最低水準の金利で調達することにより，金利上昇による利息支払額の増加を回避する。
公正価値ヘッジ	金利が上昇すると借入金の時価は下落する。過去最低水準の金利での調達は，金利上昇時に借入の価値を減らすこととなる。

図表 84・2 金利が 2%上昇した場合の元利金支払額の変動

・市場金利1％の場合の総支払額

借入金額	100
利率	1％
返済年数	30年
総支払額	116.2

・市場金利３％の場合の総支払額

借入金額	100
利率	3％
返済年数	30年
総支払額	153.1

図表 84・3 金利上昇リスクをヘッジするための金利スワップ

想定元本	100
支払金利（固定）	1％
受取金利	変動金利
契約年数	30 年

銀行

1％（固定）
変動金利

A社

85 不動産価値の下落をどのようにヘッジできるか

不動産価値の下落を100％ヘッジする方法はありません。ただし売ってしまえば、リスクはなくなりますので、そういう意味では100％と言えるかもしれません。

不動産価値変動をヘッジするためには、不動産価値が下落した場合（正確には、金利上昇などの不動産価値が下落するような現象が発生した場合）に、図表85・1のように、（A）利益が発生するもので損失をカバーするか、（B）負債価値を下落させて資産価値の下落をカバーするか、のどちらかの方法を採ります。

金利上昇が不動産価値の下落をもたらすと考えるのであれば、固定払・変動受の金利スワップなどを契約しておけば、金利上昇時に利益が発生し、不動産価値の下落をカバーすることが可能です（図表85・2）。

また、不動産価値が下落すると価値が下がるような銘柄（不動産賃貸業やJ-REITなど）を空売りしておけば、不動産価値の下落時に空売りによる利益が発生し、不動産価値の下落をカバーできます。株式相場全体と相関があると考えれば、TOPIXを空売りしておいてもいいかもしれません。

固定金利の借入は、金利上昇時に価値が下がります。金利が上昇すると不動産価値が下がりますが、借入金（負債）の価値も下がるので、相殺されて損失額をカバーできます（図表85・3）。これはALMの考え方です。

不動産価値をヘッジする方法はいくつも考えられますが、100％ヘッジできる方法は存在しません。よりもっともらしい方法でヘッジを行っていく必要がありますが、どのような方法を採用するかは、運用する人次第でしょう。

❖不動産価格の下落をヘッジする方法は２つある

図表 85・1 不動産価値変動のヘッジ

方法	具体的な内容
(A) 利益を発生させる	・不動産価値の下落時（たとえば，金利上昇時）に利益が発生するデリバティブを利用する ・関連銘柄を空売りする
(B) 負債価値を下落させる	固定金利での借入を行うことにより，金利上昇時の負債価値を下落させる

図表 85・2 利益発生させるヘッジのイメージ

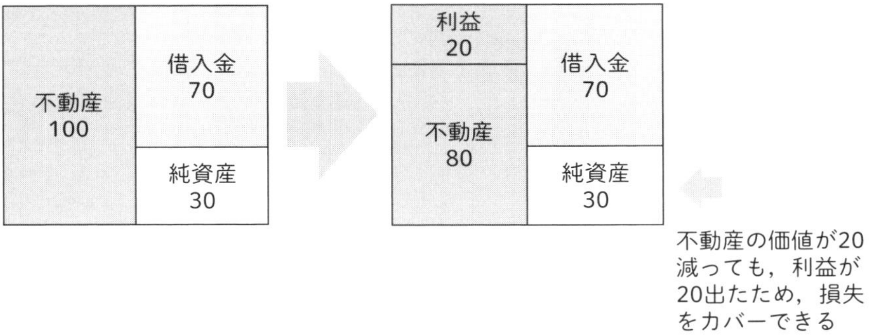

図表 85・3 負債でのヘッジのイメージ

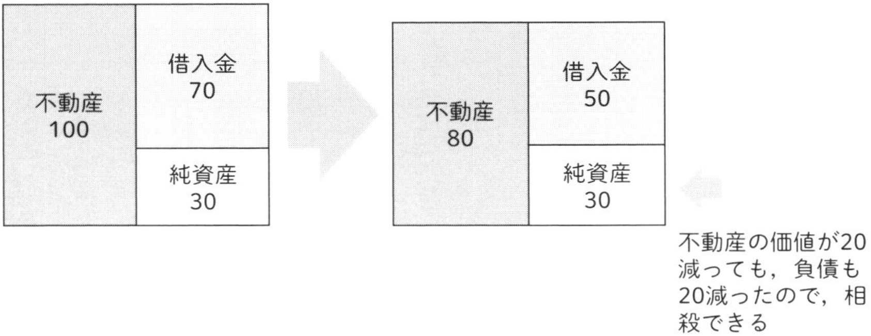

86 キャッシュ・フロー・ヘッジの方法と特徴

84では、金利上昇時の元利金支払額の増加を回避するために、**キャッシュ・フロー・ヘッジ**を用いると説明しました。その中で、金利スワップを利用したヘッジの方法を紹介しましたが、他にもいくつかの方法が存在します。ここでは、キャッシュ・フロー・ヘッジの方法とその特徴について解説します。

まず、金利スワップは、デリバティブ（金融派生商品）と言われるものです。デリバティブは大きく3つの種類に分類されます。それぞれの契約の名称と内容は、図表86・1に記載したとおりです。

先物・先渡契約は、事前に将来の取引条件を決めておく、「予約」です。「1年後に、1ドルを100円で買う」などの契約なので、必ず履行が必要です。

オプション契約は、権利売買なので少々イメージしにくいのですが、割引チケットのようなものだと思ってください。「1年後に1ドルを100円で買える割引チケット」なので、1ドルが100円よりも高くなっていれば、権利行使して買いますし、1ドルが100円よりも安ければ、買う必要はありません。契約の履行は、オプション権を持つ人の自由です。

スワップ契約は前述のとおりですが、変動金利と固定金利の交換などの交換取引です。契約条件に基づき交換しますので、契約の履行が必要です。

これらのデリバティブを金利上昇リスクのヘッジ手段として利用するものが、図表86・2に記載したものです。基本的には、変動金利が上昇するのを防ぐことが目的なので、似たような契約形態になります。

❖デリバティブでキャッシュ・フロー・ヘッジしよう！

図表 86・1 デリバティブの種類

契約の名称	内容
先物・先渡契約	将来のある時点において，ある条件で取引することを契約する 例：為替予約
オプション契約	将来のある時点において，ある条件で取引できる権利を契約する 例：金利オプション
スワップ契約	何かと何かを交換する 例：金利スワップ

図表 86・2 キャッシュ・フロー・ヘッジの方法

契約の名称	内容
金利先物契約	変動金利を将来時点で買い取る 例：1 年後に変動金利を 1％で買う予約
金利オプション契約	変動金利をある金利で購入する権利 例：変動金利を 1％で購入できる権利を買う
金利スワップ	変動金利と固定金利を交換する 例：変動金利を受け取って 1％（固定）を支払う

87 公正価値ヘッジの目的と方法

86で、キャッシュ・フロー・ヘッジにはいろんな方法があることを説明しましたが、**公正価値ヘッジ**についても、同様にさまざまな方法があります。

不動産価値の下落を金利上昇と考えるのであれば、金利上昇時に利益が発生するもの（たとえば、デリバティブ）でヘッジするか、負債価値を下落させる方法でヘッジするかの2種類です。

まず、不動産価値が金利変動によって、どのように変化するかを確認してみます。図表87・1において、10年国債利回りが0％、不動産利回り（CR）が3％の物件について、国債利回りが△2％～＋2％まで変動した場合の不動産価値の変化を計算します。この際、国債利回りの変動がダイレクトにCRに影響する（パラレルシフトする）のではなく、50％の影響を受けるとして、CRを計算しています。

この結果、10年国債利回りが＋2％になると、CRは4％になり、不動産の価値は25％下落します。10年国債利回りが2％というのは、従来であれば十分想定された水準なので、将来的に発生してもおかしくありません。

この不動産価値の変動を、（A）逆方向に損益がでるもの、（B）負債の利用で防いでいく、というのが、基本的な公正価値ヘッジの目的で、図表87・2のような方法を利用します。

❖金利上昇による不動産価格の下落と公正価値ヘッジ

図表 87・1 国債利回りの変化と不動産価値の変動

10 年国債利回り	−2.0%	−1.0%	0.0%	1.0%	2.0%
不動産利回り（CR）	2.0%	2.5%	3.0%	3.5%	4.0%
純収益（NOI）	3	3	3	3	3
不動産価格	150	120	100	86	75
変動率	50%	20%	0%	−14%	−25%

＊不動産価格＝ NOI÷CR

図表 87・2 不動産価値変動の公正価値ヘッジ

方法	具体的な内容
（A）逆方向に損益を発生させる	・不動産価値の下落時（たとえば，金利上昇時）に利益が発生するデリバティブを利用する ・関連銘柄を空売りする
（B）負債の利用	固定金利での借入を行うことにより，金利上昇時の負債価値を下落させる

金利が上がると，借入金の利息も増えるけど
不動産価格も下落するよ。
それをヘッジするのが公正価値ヘッジだ。

88 金利スワップで不動産価値の下落がヘッジできるか？

87で、不動産価値が金利上昇によって下落することを説明しました。ここでは、金利スワップを使った公正価値ヘッジについて説明します。

金利スワップは、変動金利と固定金利の交換取引です。金利スワップで**公正価値ヘッジ**を行う場合は、図表88・1のような固定金利を支払い、変動金利を受け取る契約を締結します。

このケースでは、契約時点の30年間スワップ金利が1%です。これは変動金利を30年間受け取ることと、固定金利1%を30年間支払うことの価値が同じであることを示しています。当然、金利が上昇すれば利益が出ます。

話を単純化して説明すると、金利が上昇し、30年間の固定金利が1%から3%に上昇した場合、スワップ契約では1%で固定できているので2%（3%と1%の差）得します（図表88・2）。

実際には、変動金利の期間構造を考慮する必要がありますが、期間構造を無視して説明すると、1億円の想定元本で契約している場合、年間2百万円（1億円×2%）の利益（プラス）が発生し、30年間では60百万円（2百万円×30年）のプラスになります。

キャッシュ・フローの割引現在価値が金利スワップの価値となりますが、金利が1%から3%に上昇した場合の割引現在価値を計算すると、+39百万円（+39%の利益）となります。

不動産の価値（時価）は、金利上昇によって減少しますが、金利上昇で利益の出る金利スワップを契約しておくことで、不動産価値の下落をカバーすることができるのです。

なお、金利変動と不動産価値の変動は100%連動するわけではありませんので、オーバーヘッジ(過剰なヘッジ）とならないように気をつける必要があります。

❖金利スワップを公正価値ヘッジに使ってみよう！

図表88・1 金利上昇リスクをヘッジするための金利スワップ

想定元本	100
支払金利（固定）	1％
受取金利	変動金利
契約年数	30年

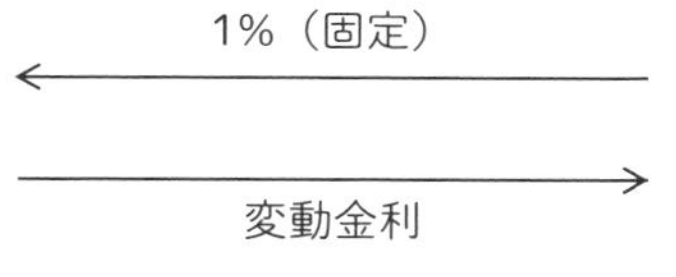

図表88・2 金利スワップによる受取額・支払額

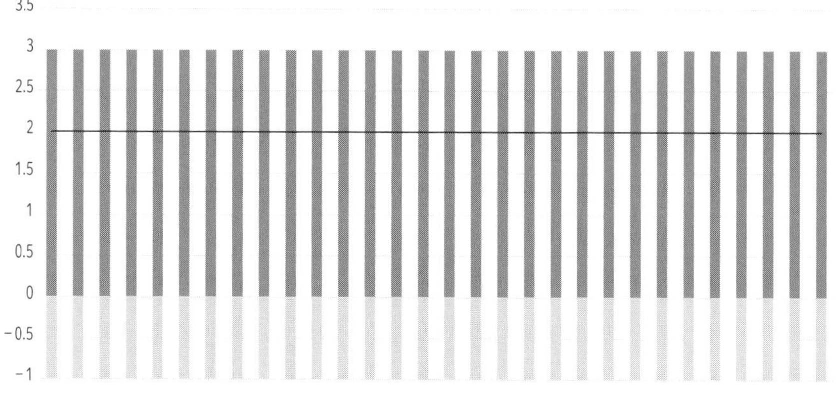

89 負債の現在価値の下落を考慮する

不動産の評価方法と債権（貸付金、社債など）の評価方法は違います。将来発生するキャッシュ・フローの割引現在価値を評価額とする点は同じですが、不動産のキャッシュ・フローは永久に発生すると仮定して計算するのに対し、債権のキャッシュ・フローは満期までの期間に限定して計算します。

不動産評価額は非常に単純で、図表89・1に記載したように、純収益を利回りで割って求めます。毎年の純収益10、CRが5％の不動産価値は200です。

債権の評価額は、図表89・2に記載したように、DCF法（Discounted Cash Flow法）を利用して計算します。たとえば、元本100、利率5％、3年間の貸付金を評価する場合、割引率が3％だったとすると、価格は図表89・3の計算から、105・66となります。

市場金利が3％から5％に上昇した場合、不動産価値と借入金価値がどのように変化するかを計算したものが、図表89・4です。不動産利回り（CR）が、当初5％だったものが金利上昇によりCRがCR6％（＋1％）になったとします。一方、30年間の金利3％の借入金で資金調達していたとして、市場金利が5％（＋2％）になったとします。このとき、不動産価値は、CRの変動により当初価値の83・33％に下落し、借入金の価値は69・26％に減少しています。

リスク管理はALMを基本に考えると説明しましたが、資産と負債のバランス（純資産＝資産と負債の差）を考えればよいため、図表89・4のように、資産価値の下落△16・67％よりも借入金価値の下落△30・74のほうが大きければ、時価ベースの純資産は＋14・08％増加します。

イメージするのが難しいかもしれませんが、負債を利用することで不動産価格の下落リスクをヘッジすることはできるのです。

❖負債価値の下落で不動産価値の下落をヘッジしよう

図表89・1 不動産評価の計算式

$$不動産の価値 = \frac{純収益（NOI または NCF）}{利回り（CR）}$$

図表89・2 債権評価の計算式

$$債権の価値 = \sum_{i=1}^{n} \frac{CF_i}{(1+r)^i} + \frac{P}{(1+r)^n}$$

CF_i：i 期のキャッシュ・フロー
r：割引率
n：満期までの期間
P：元本

図表89・3 DCF法による貸付金の時価評価

年数（t）	1	2	3	合計	
利息収入	5	5	5	15	
元本収入			100	100	
元利金合計（CF）	5	5	105	115	
割引率（R）	3%	3%	3%		
DF（現在価値係数）	0.9709	0.9426	0.9151		$\frac{1}{(1+R)^t}$
DCF	4.85	4.71	96.09	105.66	CF×DF

図表89・4 不動産価値と借入金価値の変化

	当初	金利上昇後	変化額
不動産価値（A）	100	83.33	−16.67
借入金価値（B）	100	69.26	−30.74
純資産（A − B）	0	14.08	14.08

＊不動産の純収益（NOI）を一定として，CR を 5%から 6%に上昇させたものとして計算。

90 空売りを有効活用する

世の中には「不動産の価値は個別性があり、一概には高いとも安いとも言えない」というような人がいます。ある意味では正しいかもしれませんが、ある意味では間違っています。

不動産は、景気循環をダイレクトに受ける資産なので、当然に金利や株価にも影響を受けます。逆に、日本の家計資産の大部分や企業資産のある程度は不動産で構成されているため、不動産価格が急激に下がると、株価も大暴落します。

図表90・1は、日経平均株価、首都圏中古マンション成約単価、東証REIT指数の比較ですが、概ね似たような価格推移をしていることがわかると思います。ただし、株価は流動性があるため、不動産価格よりも変動幅が大きく、時期も早く反応します。すなわち、株価が下がってからしばらくして、不動産の成約単価も下がってきます。

不動産価格が下がることをヘッジするためには、連動しそうな株式を空売りしておけば、ある程度は有効です。空売りの対象としては、株式相場全体、J-REIT、不動産関連銘柄が考えられます。

図表90・2に、不動産関連銘柄として三井不動産、三菱地所の株価推移も併せて表示しました。日経平均やJ-REITに比べて、個別銘柄の株価のほうが大きく動くため、どれくらいの割合にするかが重要になります。

株価は不動産以外の要因でも上下するため、短期的には利益や損失が発生しますが、長期的な視点では、株価と不動産マーケットは連動するため、空売りもヘッジ手段としては有効なのです。

❖空売りで不動産価値の下落をヘッジしよう

図表 90・1 日経平均株価，中古マンション成約単価，東証 REIT 指数の比較

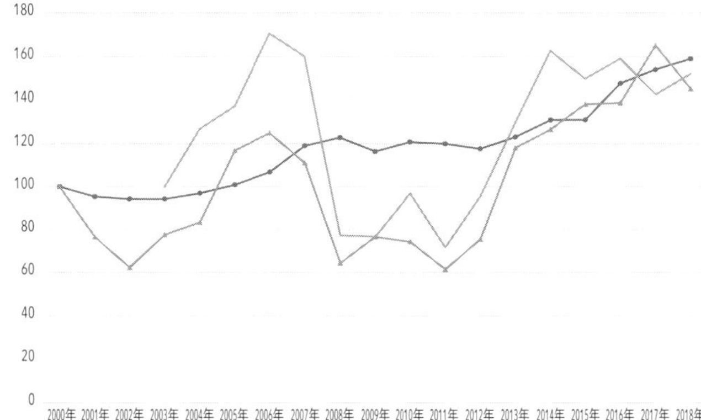

＊上記は，成約単価，日経平均は 2000 年度を 100，東証 REIT は 2003 年度を 100 として指数化して表示
＊日経平均，東証 REIT 指数は年度末の数値を利用

図表 90・2 日経平均株価，中古マンション成約単価，不動産関連銘柄の比較

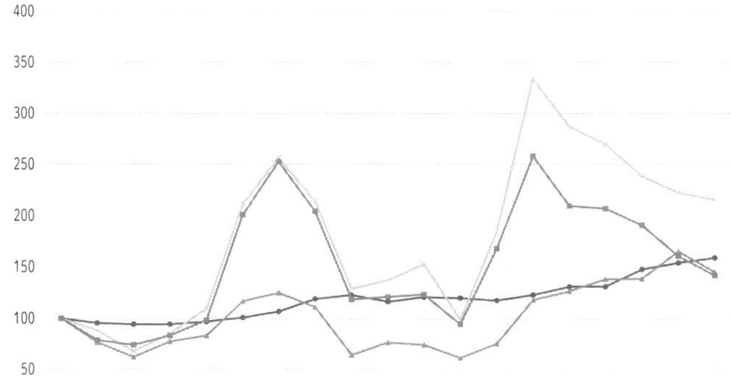

＊上記は，2000 年度を 100 として指数化して表示
＊日経平均，株価は年度末の数値を利用
出所：成約単価は，上記２表ともに公益財団法人東日本不動産流通機構『首都圏不動産流通市場の動向』より

コラム

超高齢化社会における金融ジェロントロジー

高齢化社会に突入した日本ですが，2017 年 11 月に金融庁が公表した『平成 29 事務年度金融行政方針』において「フィナンシャル・ジェロントロジー（金融老年学)」という用語が使われているように，「金融ジェロントロジー（老年学)」という分野の研究が注目されています。

加齢に伴う諸問題を広範囲に研究する「ジェロントロジー（老年学)」という学問から，高齢層の経済活動，資産選択などの諸問題を研究する金融ジェロントロジーが誕生したようです。

野村アセットマネジメント株式会社と株式会社野村資本市場研究所が 2018 年 1 月に公表した調査結果では，2017 年度の後期高齢者の人口は 1,760 万人，その年代の個人金融資産は 443 兆円（全体の約 24％）とされています。

認知症は 75 歳以上人口の約 30％と言われていることから約 130 兆円（全体の約 7％）の個人金融資産が認知症マネーと推測されます。

不動産所有についても，相当程度の認知症マネーが存在していると思われ，物件の処分などの意思決定がなされない不動産物件が増加していきそうです。

資産運用能力は 50 代前半でピークに達し，その後は低下するという米国の実証研究もあるようですが，加齢とともに増加したリスク資産（不動産を含む）をどのように管理・運用していくかが今後の課題になってくるのだと思います。

【著者略歴】

山下　章太（やました・しょうた）

公認会計士。
神戸大学工学部卒業後，監査法人トーマツ（現有限責任監査法人トーマツ），みずほ証券，東京スター銀行を経て独立。
独立後は，評価会社，税理士法人，監査法人を設立し代表者に就任。
その他，投資ファンド，証券会社，信託会社，学校法人などの役員を歴任し，現在に至る。
著書に，
『金融マンのための実践ファイナンス講座 < 第３版 >』
『金融マンのための実践デリバティブ講座 < 第３版 >』
『金融マンのための不動産ファイナンス講座 < 第３版 >』
『金融マンのための再編・再生ファイナンス講座』
『金融マンのためのエクイティ・ファイナンス講座 < 第２版 >』
『図解為替デリバティブのしくみ < 第２版 >』（いずれも中央経済社）。

■イラスト：清水まどか

図解　不動産ファイナンスのしくみ

2020年２月20日　第１版第１刷発行
2024年７月30日　第１版第９刷発行

著　者　山　下　章　太
発行者　山　本　　　継
発行所　㈱ 中 央 経 済 社
発売元　㈱中央経済グループパブリッシング

〒101-0051　東京都千代田区神田神保町1-35
電話　03（3293）3371（編集代表）
03（3293）3381（営業代表）
https://www.chuokeizai.co.jp
印刷・製本／文唱堂印刷㈱

＊頁の「欠落」や「順序違い」などがありましたらお取り替えいたしますので発売元までご送付ください。（送料小社負担）
ISBN978-4-502-33091-9 C3034